Level 1a

¡Avancemos!

Cuaderno práctica por niveles

HOLT McDOUGAL
a division of Houghton Mifflin Harcourt

ISBN-13: 978-0-618-76596-6
ISBN-10: 0-618-76596-4
Internet: www.holtmcdougal.com

6 7 8 9 073 12 11 10 09 08

TABLE OF CONTENTS

TO THE STUDENT:

Cuaderno práctica por niveles provides activities for practice at different levels of difficulty. Leveled vocabulary and grammar activities cover the entire content of each lesson of your student book. Other activity pages practice the content of the lesson while targeting a specific skill, such as listening. Within most categories of practice there are three pages, each at a different level of difficulty (A, B, and C). The A level is the easiest and C is the most challenging. The different levels of difficulty (A, B, C) are distinguished by the amount of support you're given. A level activities usually give you choices, B level activities often call for short answers to be written, and C level activities require longer answers.

The following sections are included in the **Cuaderno** for each lesson:

- **Vocabulario**

  Each page in this section has three activities that practice the lesson vocabulary.

- **Gramática**

  This section follows the same pattern as the **Vocabulario** section and reinforces the grammar points taught in each lesson.

- **Gramática**

  Follows the same pattern as the Vocabulario section and reinforce the grammar points taught in each lesson.

- **Integración**

  Each of these pages requires you to gather information from two different sources and respond to a related question. The source material is always presented in two different formats: written and spoken.

- **Escuchar**

  Each page in this section has two audio passages, each followed by a short activity. The passages allow you to practice your oral comprehension of Spanish.

- **Leer**

  This section contains short readings accompanied by **¿Comprendiste?** and **¿Qué piensas?** questions.

- **Escribir**

  In this section you are asked to write a short composition. A pre-writing activity will help you prepare to write your composition.

- **Cultura**

  Activities in this section focus on the cultural information found throughout each lesson.

- **Comparación cultural**

  In Lesson 2: non-leveled pages provide writing support for the activities in the student text.

Nombre _____ Clase _____ Fecha _____

Vocabulario A

Level 1a, pp. 32–37

 Goal: Talk about activities.

1 Put an X next to each activity that you do in your Spanish classroom.

1. ____ andar en patineta

2. ____ leer un libro

3. ____ estudiar

4. ____ comprar un helado

5. ____ aprender el español

2 Talk about what you like to do. Complete the following sentences with a word or expression from the vocabulary.

1. A ti ¿qué _____ hacer?

2. A mí me gusta montar en _____ .

3. Me gusta preparar la _____ .

4. Los sábados me gusta _____ un DVD.

3 Ask the following people if they like to do the activities in parentheses.

modelo: Camila (dibujar): **Camila, ¿te gusta dibujar?**

1. Felipe (tocar la guitarra) _____

2. Mayra (hablar por teléfono) _____

Vocabulario B

¡AVANZA! **Goal:** Talk about activities.

❶ Describe what you like to do. Choose the best word or expression from the vocabulary.

1. Después de las clases me gusta (practicar / escuchar) deportes.

2. Me gusta más escuchar (bicicleta / música).

3. ¿Te gusta (escribir / jugar) correos electrónicos?

4. A mí me gusta (descansar / mirar) la televisión.

❷ Look at the images below. Then, write what they are under the appropriate category.

Comer

1. _____

2. _____

3. _____

4. _____

Beber

1. _____

2. _____

3. _____

❸ Answer the following questions in complete sentences.

1. ¿Te gusta más escuchar música o leer un libro?

_____

2. ¿Te gusta practicar deportes después de las clases?

_____

_____

3. ¿Qué te gusta hacer más, alquilar un DVD o andar en patineta?

_____

4. ¿Qué te gusta hacer más, pasear o trabajar?

_____

Vocabulario C

¡AVANZA!	**Goal:** Talk about activities.

1 **¿Qué te gusta hacer?** Complete these sentences using the appropriate words from the vocabulary.

1. Después de las clases me gusta _____ música.

2. Los sábados y domingos no me gusta estudiar o hacer _____ .

3. Antes de practicar deportes me gusta beber _____ .

4. Los sábados me gusta _____ un rato con los amigos.

2 Make a list of six things that you like or do not like to eat and drink.

Comer   **Beber**

modelo: (No) Me gusta comer
           papas fritas.

1. _____   1. _____

2. _____   2. _____

3. _____   3. _____

3 Write two sentences about what you like to do, and two sentences about what you do not like to do during Saturday and Sunday. Use **Me gusta...** and **No me gusta...**

_____

_____

_____

Gramática A *Subject Pronouns and* **ser**

> **¡AVANZA!** **Goal:** Use the subject pronouns and the verb **ser**.

1 Some friends talk about themselves. Complete the sentences using the subject pronouns from the box.

Ustedes	Tú	Yo	Ella	Nosotros

1. _____ eres estudiante.

2. _____ es de Colombia.

3. _____ somos de México.

4. _____ son de Argentina.

5. _____ soy de España.

2 Underline the correct form of the verb ser in parentheses to tell where everyone is from.

1. Yo (soy / son) de Miami.

2. Tú (eres / es) de Honduras.

3. Nosotros (sois / somos) de Los Ángeles.

4. ¿Usted (es / son) de Buenos Aires, señor Calvo?

5. ¿Ustedes (son / sois) de España, chicos?

3 Write the correct form of the verb **ser** to complete the sentences and tell where everyone is from.

1. Mi amiga _____ de Nueva York.

2. Yo _____ de Los Ángeles.

3. Tú _____ de Boston.

4. Sonia _____ de Miami.

5. Nosotros _____ de Estados Unidos.

6. Ustedes _____ de Estados Unidos.

Gramática B Subject Pronouns and ser

> **¡AVANZA!** **Goal:** Use the subject pronouns and the verb **ser**.

1 Choose the correct subject pronoun to talk about where people are from.

1. _____ somos de Buenos Aires.

a. Yo **b.** Nosotros **c.** Ustedes **d.** Él

2. _____ son de México.

a. Él **b.** Tú **c.** Ellas **d.** Usted

3. _____ son de Valencia.

a. Ellos **b.** Yo **c.** Ella **d.** Tú

4. _____ eres de Valladolid.

a. Él **b.** Usted **c.** Tú **d.** Ellos

2 Two friends talk about where they are from. Complete the dialog using the verb **ser** .

Claudia: Yo **1.** _____ de Panamá. Y tú, ¿de dónde **2.** _____ ?

Andrés: Yo **3.** _____ de Colombia, pero mi hermano **4.** _____
de Costa Rica y mis padres **5.** _____ de Venezuela.

Claudia: Una amiga también **6.** _____ de Venezuela. ¿De dónde
7. _____ tus amigos?

Andrés: ¡De muchos países!

3 Tell where the following people are from. Use the correct subject pronouns. Write your
answers in complete sentences.

modelo: María y Patricia (Panamá): **Ellas son de Panamá.**

1. Leila y Javier (Colombia)

_____

2. Susana (Nueva York)

_____

3. Marcos (República Dominicana)

_____

Gramática C Subject Pronouns and ser

¡AVANZA! **Goal:** Use the subject pronouns and the verb **ser**.

1 Write the correct form of the verb **ser**.

1. ¿Tú _____ de Bariloche?

2. ¿Profesora Loreto, usted _____ de Texas?

3. Mis hermanas y yo _____ de Nicaragua.

4. ¿Tú y tus padres _____ de Puerto Rico?

2 Ask where these people are from and then write the correct answer.

modelo: Carmela / Bolivia

¿De dónde es Carmela? (Ella) es de Bolivia.

1. Señora Luna y señora Varita / Honduras

_____

2. Vicente / Perú

_____

3. Señor González / Cuba

_____

4. tú / México

_____

3 Write about where you and people you know are from. Use three different subject pronouns.

1. _____

2. _____

3. _____

Gramática A   *The verb gustar*

> **¡AVANZA!** **Goal:** Express what people like to do using the verb **gustar**.

1 **¿Qué les gusta hacer?** Complete these sentences by underlining the correct pronoun in parentheses.

1. A ellas (les / le) gusta escribir correos electrónicos.

2. A nosotros (nos / les) gusta aprender el español.

3. A ustedes (les / le) gusta pasar un rato con los amigos.

4. ¿ A ti (te / les) gusta trabajar los sábados y domingos?

5. A mí (te / me) gusta pasar un rato con los amigos.

2 Complete the sentences with an appropriate form of **gustar** and the correct pronoun.

1. A mis amigas no _____ comer papas fritas.

2. A Napoleón _____ pasar un rato con los amigos.

3. ¿A ellas _____ tocar la guitarra?

4. A mí _____ estudiar.

5. ¿A ustedes _____ alquilar un DVD?

6. A ti _____ comprar fruta.

3 Look at the drawings and write complete sentences to say what these people enjoy doing.

1.    2.    3.

1. A ellos _____.

2. A ella _____.

3. A él _____.

Gramática B *The verb gustar*

> **¡AVANZA!** **Goal:** Express what people like to do using the verb **gustar**.

❶ To tell what people enjoy doing, choose the correct expression from the word box.

a. A nosotros	**b.** A Paulina	**c.** A ustedes	**d.** A ti

1. _____ nos gusta preparar la comida.

2. _____ te gusta más andar en patineta.

3. _____ le gusta montar en bicicleta.

4. ¿ _____ no les gusta escuchar música?

❷ Write sentences with the following words in order to say what each person enjoys or doesn't enjoy doing. Use the verb **gustar**.

1. A Marcos y Marisela / comer papas fritas _____

_____

2. ¿A ustedes / preparar la comida? _____

3. A mis amigas y a mí / practicar deportes _____

_____

4. ¿A ti / pasear los sábados? _____

❸ Answer the questions in complete sentences using **a + pronoun**.

modelo: ¿Le gusta comer pizza a Juan?

Sí, (No) **a él** (no) **le gusta** comer pizza.

1. ¿Le gusta tocar la guitarra a la maestra?

_____

2. ¿Les gusta comer fruta a ustedes?

_____

3. ¿Te gusta beber jugo?

_____

4. ¿Les gusta leer libros a ellas?

_____

Copyright © by McDougal Littell, a division of Houghton Mifflin Company.

Gramática C *The verb gustar*

> ¡AVANZA! **Goal:** Express what people like to do using the verb **gustar**.

1 **¿Qué cosas no les gusta hacer?** Write an appropriate subject pronoun to complete each sentence.

1. A _____ no nos gusta comprar refrescos.

2. A _____ no me gusta hacer la tarea.

3. A _____ no te gusta comer galletas.

4. A _____ no les gusta pasear.

2 Complete the sentences using the verb **gustar + infinitive** to tell what people like and dislike doing.

1. A mí _____ un DVD.

2. A nosotros _____ la televisión.

3. A Martín y a Sofía no _____ la tarea después de las clases.

4. ¿A usted _____ jugo de naranja?

5. A Carlos no _____ al fútbol.

3 Write three questions and answers about people you know and the activities they enjoy. Follow the model.

modelo: ¿Qué **les gusta hacer** a Susana y a ti? **A Susana y a mí nos gusta** jugar al fútbol.

1. _____

_____

2. _____

_____

3. _____

_____

Integración: Hablar

Level 1a, pp. 48–50
WB CD 01 track 01

Sofía's homework was to create a Web page that includes what she likes and dislikes doing on Saturdays. But wait! Sofía does not include the things she dislikes, and her mother mentions those during a voice mail she left for Sofía's teacher.

Fuente 1 Leer

Read what Sofía likes to do on Saturdays...

Mi nombre es: Sofía Marcano

Fecha: 23 de noviembre

Los sábados me gusta tocar la guitarra y escuchar música. Me gusta pasar un rato con los amigos. Me gusta montar en bicicleta, ¡ah! y también me gusta mucho descansar. Me gusta hacer muchas actividades los sábados.

Fuente 2 Escuchar *WB CD 01 track 02*

Listen to what Sofia's mother says about her. Take notes.

_____

_____

_____

Hablar

What activities does Sofía like and dislike doing on Saturdays?

modelo: Los sábados, a Sofía le gusta... Pero a Sofía no le gusta...

Integración: Escribir

Lisa, your new pen pal in Uruguay, is very organized. She wrote an email to you saying what she likes to do on weekdays. She preferred to tell you all the fun things she likes doing on weekends by recording herself in a video message.

Fuente 1 Leer

Read Lisa's e-mail...

> De: Lisa   A: David
> Tema: Me gusta hacer...
>
> Me llamo Lisa y soy de Montevideo, Uruguay. Soy organizada. Me gusta hacer cosas todos los días después de las clases. Los lunes, me gusta hacer la tarea; los martes, me gusta alquilar un DVD; los miércoles y los jueves, me gusta hacer más tarea. Hoy es viernes, y los viernes me gusta mucho escribir correos electrónicos y hablar por teléfono.
>
> ¡Adiós!
>
> Lisa

Fuente 2 Escuchar   *WB CD 01 track 04*

Listen to what Lisa says about her weekend activities. Take notes.

_____

_____

_____

Escribir

Explain what Lisa likes to do each day of the week.

modelo: Los lunes a Lisa le gusta...
           Los martes a Lisa le gusta...
           Los sábados a Lisa le gusta...

_____

_____

_____

_____

_____

_____

_____

Escuchar A

¡AVANZA! **Goal:** Listen to find out what Carolina and her friends like to do and where they are from.

1 Listen to the conversation about what these friends like to do. Match each name with the appropriate picture.

Ángela

Antonio

Clara

Roberto

2 Listen to each person say what she or he likes to do. Then read each statement below and say if it is true (**cierto**) or false (**falso**).

C   F   **1.** A Carolina le gusta escuchar música antes de las clases.

C   F   **2.** A Carlos y a Carlota les gusta practicar deportes después de las clases.

C   F   **3.** A Norberto le gusta preparar la comida.

C   F   **4.** A Gabriel le gusta hacer la tarea los sábados y los domingos.

Escuchar B

¡AVANZA! **Goal:** Listen to find out what Carolina and her friends like to do and where they are from.

---

1 Listen to each statement and take notes. Then complete the sentences with the activities they like to do.

1. A Carlos y a Carlota les gusta _____ deportes.

2. A Carolina le gusta _____ música.

3. A Gabriel le gusta _____ .

4. A Norberto le gusta _____ la comida.

2 Listen to the conversation and take notes. Then complete the following sentences based on what you heard. Use the words in the box.

de México	de Honduras
de Estados Unidos	de Chile

1. Ricardo _____ .

2. Laura _____ .

3. Los amigos de Laura _____ .

4. Felipe y Julia _____ .

Escuchar C

¡AVANZA! **Goal:** Listen to find out what Carolina and her friends like to do and where they are from.

1 **¿Qué les gusta hacer?** Listen to the conversation between two friends. Take notes and then complete the sentences.

1. A Ricardo _____ gusta más _____ .

2. A Laura _____ gusta _____ después de la escuela.

3. A Ricardo _____ gusta más _____ y correr después de la escuela.

4. A Laura _____ gusta dibujar y a Ricardo _____ gusta más _____ música.

2 Listen to each person's statement. Take notes and then answer the questions in complete sentences.

1. ¿Qué le gusta a Gabriel?
   _____

2. ¿Qué no le gusta a Gabriel?
   _____

3. ¿De dónde es Gabriel?
   _____

4. ¿De dónde es Carlota?
   _____

5. ¿Qué no le gusta hacer a Carlota?
   _____

Leer A

DIA DE ACTIVIDADES CON AMIGOS

¿Te gusta...

❁ *pasar un rato con los amigos*

❁ *dibujar*

❁ *escuchar música*

❁ *tocar la guitarra*

❁ *practicar deportes?*

Actividades después de las clases _____

¿Comprendiste? Did you understand the reading? Answer the following questions true **(cierto)** or false **(falso)**.

C F **1.** El día de actividades es para practicar deportes.

C F **2.** El día de actividades es para pasear con amigos.

C F **3.** El día de actividades es para tocar la guitarra.

C F **4.** Las actividades son antes de las clases.

¿Qué piensas?

1. ¿A ti te gusta pasar un rato con los amigos?

_____

2. ¿Qué te gusta hacer en el día de actividades con amigos?

_____

3. ¿Qué otras (*other*) actividades te gustan?

_____

Leer B

¡Buenos días! Me llamo Graciela y soy de la ciudad de Panamá, en la República de Panamá. Es un país muy bonito. Mi escuela es muy buena. Se llama Instituto Cultural. Me gusta estudiar. Muchos estudiantes son internacionales. Mi amigo Juan es de Lima, Perú. A Juan le gusta jugar al fútbol. A mi me gusta más andar en patineta. Mi amiga Silvia es de Buenos Aires, Argentina. A ella le gusta dibujar y leer. A nosotros nos gusta pasar un rato con los amigos y escuchar música o mirar la televisión. Los sábados nos gusta alquilar DVDs y comprar pizzas.

¿Comprendiste?

Did you understand the reading? Complete the following sentences.

1. A Graciela le gusta _____ .

2. Juan es de _____ .

3. A los amigos de Graciela les gusta _____ .

4. Los sábados les gusta _____ .

5. A Silvia le gusta _____ .

¿Qué piensas?

1. ¿De dónde eres?

   _____

2. ¿De dónde es el (la) maestro (a) de español?

   _____

3. ¿Qué les gusta hacer a ustedes los sábados y domingos?

   _____

   _____

Leer C

Me llamo Valeria: ¿Qué nos gusta hacer?

Lucas es de Nicaragua. *A Lucas le gusta escribir y leer libros. También le gusta comer helado los domingos por la tarde. Lucas es mi amigo. A nosotros nos gusta alquilar un DVD los sábados y practicar deportes después de las clases.*

Araceli es de México. *A ella le gusta preparar la comida. A mí me gusta comer la comida que ella prepara. A Araceli y a mí nos gusta comprar y comer helado los domingos. También nos gusta hacer la tarea después de las clases.*

Simón es de Texas, Estados Unidos. *A él le gusta aprender el español en la escuela. A nosotros nos gusta estudiar el español después de las clases. También le gusta andar en patineta y comer helado los sábados y domingos.*

¿Comprendiste?

Did you understand the reading? Answer the following questions in complete sentences.

1. ¿De dónde son Lucas, Araceli y Simón?

_____

2. ¿Qué les gusta hacer a Valeria y a Lucas los sábados?

_____

_____

3. ¿Qué le gusta hacer a Araceli? ¿Qué le gusta comer a Valeria?

_____

_____

4. ¿Qué les gusta hacer a Valeria y a Simón después de las clases?

_____

5. ¿Qué les gusta a todos?

_____

¿Qué piensas?

1. ¿A ti te gusta comer helado? ¿Qué te gusta comer?

_____

_____

2. ¿Qué actividades les gusta hacer a ti y a tus amigos después de las clases?

_____

_____

Escribir A

> **¡AVANZA!** **Goal:** Write about activities that you like and don't like to do.

Step 1

Make a list of four activities you like and don't like to do.

_____

_____

_____

_____

Classify your list in the chart.

Me gusta…	No me gusta…
1.	1.
2.	2.

Step 2

Write four sentences using the information above about what you like to do .

_____

_____

Step 3

Evaluate your writing using the information in the table.

Writing Criteria	Excellent	Good	Needs Work
Content	Your sentences state four things that you like and don't like to do.	Your sentences state three things that you like and don't like to do.	Your sentences state less than three things that you like and don't like to do.
Communication	Most of your responses are clear.	Some of your responses are clear.	Your message is not very clear.

Escribir B

> ¡AVANZA! **Goal:** Write about activities that you and others like and don't like to do.

Step 1

Make a list of three things your friend likes to do, and three things she/he doesn't like to do.

Nombre de mi amigo(a): _____

Le gusta…	No le gusta…
1.	1.
2.	2.
3.	3.

Step 2

Write a paragraph about what your friend likes and doesn't like to do.

_____

_____

_____

_____

Step 3

Evaluate your writing using the information in the table.

Writing Criteria	Excellent	Good	Needs Work
Content	You state six things your friend likes and doesn't like to do.	You state four or five things that your friend likes and doesn't like to do.	You state fewer than four things that your friend likes and doesn't like to do.
Communication	Most of your responses are clear.	Some of your responses are clear.	Your message is not very clear.
Accuracy	You make few mistakes in grammar and vocabulary.	You make some mistakes in grammar and vocabulary.	You make many mistakes in grammar and vocabulary.

Escribir C

> **¡AVANZA!** **Goal:** Write about activities that you and others like and don't like to do.

Step 1

Fill in the chart with information about yourself.

Me gusta...	1.	2.	3.
No me gusta...	1.	2.	3.
Soy de...			

Step 2 Now write a short letter to a pen pal with the information from above.

_____

_____

_____

_____

Step 3

Evaluate your writing using the information in the table.

Writing Criteria	Excellent	Good	Needs Work
Content	Your letter includes what you like and don't like to do.	Your letter includes most of what you like and don't like to do	Your letter does not include what you like and don't like to do.
Communication	Your letter is clear and easy to follow.	Parts of your letter are clear and easy to follow.	Your letter is not very clear.
Accuracy	You make few mistakes in grammar and vocabulary.	You make some mistakes in grammar and vocabulary.	You make many mistakes in grammar and vocabulary.

Cultura A

> ¡AVANZA! **Goal:** Review cultural information about the Hispanic community in the United States.

1 **United States** Read the following statements about the United States and answer *true* or *false*.

T F **1.** There are almost 40 million Hispanics in the United States.

T F **2.** The city with the largest Hispanic population in the United States is San Francisco.

T F **3.** Xavier Cortada is a Cuban American artist.

T F **4.** San Antonio's oldest neighborhood is called La Villita.

2 **In the community** Complete the following sentences with a word from the box.

Calle Ocho	Freedom Tower
Hispanic Heritage Month	Fiesta San Antonio

1. The _____ celebrates the cultural diversity of Americans.

2. _____ is famous for its Cuban restaurants, cafés, and shops.

3. The _____ honors the heroes of the Álamo.

4. The _____ is the building that houses the Cuban-American Museum.

3 **Los Premios Juventud** Write a few lines to describe **los Premios Juventud.** Then, if you were to vote for some nominees, who would you choose? Write a name for each category listed below.

_____

_____

_____

Best Actor: _____

Best Actress: _____

Best Female Vocalist: _____

Best Male Vocalist: _____

Best Sports Player: _____

Level 1a, pp. 56–57

Cultura B

 Goal: Review cultural information about Hispanic communities in the United States.

1 **Awards** Complete the following sentences with the words from the box.

teens	Spanish-language	actors	Juanes	Juventud

1. Los Premios _____ are awarded in Miami.

2. _____ nominate and vote for their favorite artists.

3. _____ was a past nominee.

4. The event is shown on _____ television.

5. The winners of these awards can be famous sports stars, singers, and _____ .

2 **In the U. S.** Choose a multiple-choice item to complete the following sentences.

1. The number of Hispanics living in the United States is ____

   a. 40 million   **b.** 20 million   **c.** 30 million

2. The Fiesta San Antonio honors the heroes of the Álamo and the Batalla de ____

   a. San Jorge   **b.** San Jacinto   **c.** San Luis

3. The street in Miami renowned for its Cuban restaurants, cafés, and shops is called ____

   a. Calle Siete   **b.** Calle Ocho   **c.** Calle Nueve

4. Miami's Cuban American Museum is located in the ____

   a. University of Miami   **b.** public library   **c.** Freedom Tower

3 **Describing art** Look at the picture of Xavier Cortada's *Music* on page 45 of your book. Describe it. What feelings does it evoke? What message do you think the artist wants to convey?

_____

_____

_____

_____

_____

_____

Cultura C

¡AVANZA! **Goal:** Review cultural information about Hispanic communities in the United States.

1 **Celebrities** Do you know where the following celebrities come from? Write the name of the country of origin of each person listed below.

Name	Where is he/she from?
Juanes	
Gael García Bernal	
Jennifer Lopez	

2 **Hispanic community in the U. S.** Answer the following questions.

1. What is San Antonio's oldest neighborhood called? _____
_____

2. What do people celebrate in the United States between September 15 and October 15?
_____
_____

3. What is something that influences Xavier Cortada's artwork?
_____

3 **Los Premios Juventud** Create a poster advertising **Los Premios Juventud.** Your poster should explain what the event is and where it is held. Also include a date and time for the event.

Vocabulario A

| ¡AVANZA! | **Goal:** Describe yourself and others. |

1 **¿Cómo eres?** Match the adjective in the first column with an adjective that means the opposite in the second column.

seria   alto

bajo   cómica

malo   pequeño

trabajadora   perezosa

grande   bueno

2 Describe these people by completing the following sentences with an adjective from the word bank.

| estudiosa | atlética | organizado | artístico |

1. A Julio le gusta dibujar. Julio es _____ .

2. A Julieta le gusta estudiar. Julieta es _____ .

3. El señor Gustavo no es desorganizado; es muy _____ .

4. A la señora Ponce le gusta practicar deportes; es muy _____ .

3 **¿Cómo eres tú?** Make a list of words that describe your personality and then write one sentence using them. Follow the model.

modelo: Lista de palabras: _____ cómica, joven, baja, pelo castaño _____

Oración: **Soy cómica, joven, baja y tengo pelo castaño**.

1. Lista de palabras: _____

2. Oración: _____

Vocabulario B

| ¡AVANZA! | **Goal:** Describe yourself and others. |

1 **¿Cómo son?** Choose the word or expression from the vocabulary that best describes the people in the following sentences.

1. A Samuel no le gusta trabajar los domingos. Es un chico (perezoso / trabajador).

2. A Rebeca y a Marta no les gusta hacer la tarea. No son estudiantes muy (simpáticas / buenas).

3. Gustavo tiene pelo (estudioso / castaño).

4. La clase de español tiene tres estudiantes. Es una clase (grande / pequeña).

2 **¿Quién es?** Choose the word from the word bank that best completes each sentence.

1. A Víctor le gusta estudiar. Es un _____ muy bueno.

2. La señora García es una _____ muy buena.

3. Arturo tiene una _____ muy guapa. Se llama Beatriz.

4. Al señor Gómez le gusta pasar un rato con los amigos. Es un _____ muy simpático.

estudiante
persona
amiga
hombre

3 **¿Cómo son ustedes?** Write two complete sentences describing yourself and one of your friends. Follow the model.

modelo: Yo soy alto y tengo pelo castaño.

Mi amigo Daniel es grande y tiene pelo rubio.

1. _____

2. _____

Nombre _____ Clase _____ Fecha _____

Vocabulario C

┌───┐
│ ¡AVANZA! **Goal:** Describe yourself and others.   │
└───┘

1 Choose the correct word to complete each description.

1. Anita es una chica muy (guapa / un poco / malo).

2. Danilo es (trabajador / un poco / amigo) desorganizado.

3. Aníbal, Darío, Facundo y Sergio son (guapo / un poco / todos) estudiantes.

4. Diana y Adela tienen pelo (rubio / pelirrojas / viejo).

2 **¿Cómo son?** Look at each drawing and write a complete sentence that describes the people in them. The first one is done for you.

1. **modelo:**   La mujer es vieja.

2. _____

3. _____

4. _____

3 **Te presento a…** Complete this dialog. Each friend introduces another friend to someone else. Each friend should describe herself and say what she likes to do.

Antonia: ¡Hola Patricia! Ella es mi amiga Begoña. Es de España.

Patricia: Encantada. Begoña, ¿te gusta mirar la televisión o correr? Me gusta

correr porque soy muy atlética.

Begoña: _____

Antonia: _____

Patricia: _____

Gramática A   Definite and Indefinite Articles

¡AVANZA! **Goal:** Use definite and indefinite articles to identify people and things.

1 Match the noun on the left with the correct indefinite article on the right.

chico   unos

persona   un

amigas   unas

hombres   una

2 **¿Qué les gusta comer?** Underline the correct article in parentheses to complete the sentences describing what these people like to eat.

1. A Eva le gustan (las /unos) galletas.

2. A Sebastián y Celestino les gustan más (una / las) papas fritas.

3. A nosotros nos gusta beber (el / los) refresco.

4. ¿A usted le gusta (unas / la) pizza?

5. ¿A ustedes les gustan (unos / unas) helados?

3 Use the verb **ser** to describe what these people are like in three complete sentences. You may use the adjectives from the box.

organizado(a)   simpáticos(as)   atléticos(as)   perezosos(as)   trabajador(a)

modelo: Mis padres **son muy trabajadores**.

Los futbolistas _____

Pablo y Luis _____

El maestro _____

Gramática B Definite and Indefinite Articles

Level 1a, pp. 66–71

┌───┐
│ ¡AVANZA! **Goal:** Use definite and indefinite articles to identify people and things. │
└───┘

1 **Somos…** Write **un, una, unos,** or **unas** to complete the sentences.

Hola, me llamo Dolores y soy **1.** _____ chica de

La Habana. Las amigas, Isabel y Rosita, son **2.** _____

personas muy inteligentes y buenas. Ellas son estudiosas. Les gusta

más leer **3.** _____ libro que descansar. Yo soy perezosa.

Me gusta más alquilar **4.** _____ DVD. Nuestros

vecinos (*Our neighbors*), el señor Valdés y el señor León, son **5.**

_____ señores artísticos. Les gusta mucho dibujar.

2 Change each noun from singular to plural. Then, write the appropriate plural definite article for each. Follow the model.

modelo: una persona
dos **personas**
las personas

1. un amigo

cuatro _____

_____

2. una mujer

ocho _____

_____

3. un hombre

siete _____

_____

3 **¿Cómo es?** These friends are different. Tell how. Use **ser.** Follow the model.

modelo: María / estudiante organizada   Katy / chica desorganizada

María es una estudiante organizada. Katy es una chica desorganizada.

1. Roberto / hombre trabajador   Alejandro /chico perezoso

_____

2. Julia / mujer alta   Guadalupe / chica baja

_____

Gramática C Definite and Indefinite Articles

Level 1a, pp. 66–71

> **¡AVANZA!** **Goal:** Use definite and indefinite articles to identify people and things.

1 Fill in the blanks with a correct definite or indefinite article.

1. Nosotros somos _____ estudiantes de Buenos Aires.

2. Ellos son _____ amigos de Gisela.

3. Ustedes son _____ personas estudiosas e inteligentes.

4. Tú eres _____ hombre de Valladolid.

2 Rewrite these sentences changing the words underlined to the plural.

1. Él es un hombre de Bariloche.

   _____

2. ¿Ella es la amiga de Texas?

   _____

3. Me gusta beber el jugo.

   _____

4. ¡Tú eres un estudiante atlético!

   _____

3 Write three sentences describing people you know. Use the verb **ser** and the indefinite articles **un**, **una**, **unos**, **unas**.

1. _____

2. _____

3. _____

Gramática A   *Noun-Adjective Agreement*

Level 1a, pp. 72–75

> **¡AVANZA!** **Goal:** Use adjectives with nouns.

1 Underline the adjective in parentheses that agrees with the noun on the left.

1. las chicas (bajos / bajas)

2. una persona (buena / bueno)

3. un estudiante (trabajador / trabajadora)

4. los hombres (ancianas / ancianos)

2 Write the correct ending that completes these adjectives. Remember to match the gender and number of the noun.

1. A Eva le gusta comer unas galletas buen_____ .

2. A Samuel y a Carlos les gusta dibujar. Son unos chicos artístic_____ .

3. Natalia es una chica guap_____ .

4. ¿A ustedes les gusta comer las pizzas grand_____ ?

5. Ignacio e Isabela son unos estudiantes organizad_____ .

3 Complete these sentences with an appropriate adjective. Use different adjectives in each sentence. Follow the model.

modelo   David es un chico **trabajador** porque le gusta trabajar los sábados y domingos.

1. El señor Moreno es un maestro de español muy _____ .

2. Nosotros somos los estudiantes más _____ del señor

Unamuno.

3. Vosotros sois estudiantes buenos porque sois _____ .

4. La señora Márquez es una maestra muy _____ .

UNIDAD 1 • Gramática A
Lección 2

Gramática B *Noun-Adjective Agreement*

Level 1a, pp. 72–75

> ¡AVANZA! **Goal:** Use adjectives with nouns.

1 We are all different. Choose the correct adjective that best completes these sentences about different people.

1. Nosotros somos unos estudiantes _____ .

   a) guapo **b)** guapa **c)** guapos

2. A él le gusta pasar un rato con amigos porque es _____ .

   a) simpáticas **b)** simpáticos **c)** simpático

3. Vosotros sois unas personas _____ .

   a) inteligentes **b)** inteligente

4. Las chicas de la clase de la señora García son muy _____ .

   a) trabajador **b)** trabajadoras **c)** trabajadores

2 Write the correct form of an adjective to complete the following sentences:

1. A los amigos les gusta leer y hacer la tarea. Son _____ .

2. María y Carla son unas mujeres _____ .

3. Los chicos no son altos, son _____ .

4. Las mujeres no son viejas, son _____ .

3 In three complete sentences, describe the people you see in the drawings below.

1. _____

2. _____

3. _____

Gramática C *Noun-Adjective Agreement*

Level 1a, pp. 72–75

¡AVANZA! **Goal:** Use adjectives with nouns.

1 Change each phrase from plural to singular. Follow the model.

modelo: las personas inteligentes

la persona inteligente

1. los chicos atléticos _____

2. las mujeres trabajadoras _____

3. los hombres pelirrojos _____

2 Complete these descriptions with the appropriate word.

1. Miguel es _____ porque le gusta practicar deportes.

2. Elisa es buena estudiante porque _____ .

3. Laura es muy _____ porque no es mala.

4. Mario es un chico muy _____ porque no es desorganizado.

3 In complete sentences, describe three of your friends. Say where each one is from, what each one looks like, and write two adjectives that describe them. Follow the model.

modelo: Andrea es de Texas. Andrea es una chica alta y tiene pelo rubio. Andrea es atlética.

1. _____

_____

2. _____

_____

3. _____

_____

Integración: Hablar

Arthur moved from Denver, Colorado, to Mexico City. He is going to study Spanish for a year abroad at a local High School. The high school's principal is very happy because Arthur is a talented soccer player who can help the school's soccer team win the city championship. Arthur writes about himself for the high school newspaper. The Principal introduces Arthur to everybody at the first soccer match of the year.

Fuente 1 Leer

Read what Arthur wrote in the school's newspaper...

> **¡HOLA!**
>
> Me llamo Arthur. Arturo en español. Yo soy de los Estados Unidos. Soy de Colorado. En Colorado hace frío y nieva.
> Soy atlético y me gusta practicar deportes .
> También me gusta jugar al fútbol. Soy inteligente pero un poco desorganizado.

Fuente 2 Escuchar   *WB CD 01 track 12*

Listen to the principal's description of Arthur over the loudspeaker before his first soccer game. Take notes.

_____

_____

_____

_____

Hablar

What is Arthur like? Describe his personality and appearance.

modelo: Arthur es... Y también es... Pero no es...

Integración: Escribir

Escuela González, a soccer foundation in Ecuador, is looking for international participants for its programs. On their Web page there is a letter from the director of the foundation who is looking for volunteers.

Fuente 1 Leer

Read the letter from the director.

> ¡Hola! Me llamo Gustavo González y soy el director de la Escuela González. La escuela tiene muchas personas trabajadoras. ¿Te gusta practicar deportes? La escuela tiene seis maestros de fútbol de lunes a viernes y nueve maestros los sábados y domingos. Tenemos clases de hombres y mujeres, y también tenemos clases de chicos y chicas.

Fuente 2 Escuchar   *WB CD 01 track 14*

Listen to the audioclip of a testimonial from Escuela González's Web site. Take notes.

_____

_____

_____

Escribir

Why would you choose Escuela González to learn soccer? Remember to include information from both the Web page and the audioclip for your answer.

Modelo: Escuela González tiene... También, es...

_____

_____

_____

_____

_____

_____

Escuchar A

¡AVANZA! **Goal:** Listen to students at an international school as they describe themselves and each other.

1 Listen to each statement and take notes. Then choose who fits each description below.

_____ **1.** trabajador(a)

_____ **2.** estudioso(a)

_____ **4.** artístico(a)

a. Claribel
b. Gustavo
c. Mario

2 Listen to each person describe him/herself. Then read each statement below and say if it is true **(Cierto)** or false **(Falso)**.

C   F   **1.** Julio y Araceli son unos chicos simpáticos.

C   F   **2.** Araceli es una chica artística.

C   F   **3.** A Julio le gusta jugar al fútbol.

C   F   **4.** A Julio le gusta dibujar.

Escuchar B

 Goal: Listen to students at an international school as they describe themselves and each other.

1 Listen and then draw a line from the people to the adjectives that describe them.

Ramón es   muy simpática

María es   muy bonita y tiene pelo castaño

Simón es   muy desorganizado

Enriqueta es   alto y pelirrojo

2 Listen to how each person is described. Then complete the following sentences.

1. Iván es _____ .

2. Nancy es _____ .

3. Melvin es _____ .

4. Iván y Melvin son _____ .

Escuchar C

> ¡AVANZA! **Goal:** Listen to students at an international school describe themselves and   each other.

1 Listen to the dialog and then write three adjectives to describe each of the following people:

1. La señora Guadalupe: _____

_____

2. Mauricio: _____

_____

3. Marta y Tania: _____

2 Take notes while you listen to the conversation. Then answer the questions in complete sentences.

1. ¿Cómo es Esperanza?

_____

2. ¿Quiénes son estudiosas?

_____

3. ¿Quién tiene pelo rubio?

_____

4. ¿Cómo es Luisa?

_____

5. ¿Cómo eres tú?

_____

Leer A

> **¡AVANZA!** **Goal:** Read how people describe themselves and others.

¡Hola! Me llamo Rocío. Tengo pelo rubio y soy estudiosa. El señor Cruz, es un poco viejo y es muy bueno. Nora y Lidia, son muy inteligentes. Les gusta mucho leer. Nora tiene un hermano. Se llama Norberto. Es bajo. Nora es alta y tiene pelo rubio, pero su hermano es pelirrojo. Nora, Norberto y Lidia son simpáticos.

¿Comprendiste?

Answer the following questions true **(Cierto)** or false **(Falso)**.

C   F   **1.** A Rocío no le gusta estudiar.

C   F   **2.** El señor Cruz es joven.

C   F   **3.** Las amigas de Rocío son chicas muy inteligentes.

C   F   **4.** Norberto es un chico alto.

C   F   **5.** Norberto, Nora y Lidia son simpáticos.

¿Qué piensas?

1. ¿Tienes pelo castaño?

_____

2. ¿Cómo son tus amigos(as)?

_____

3. ¿Eres un chico o una chica organizado(a)?

_____

4. Describe a un amigo.

_____

Leer B

> **¡AVANZA!** **Goal:** Read how people describe themselves and others.

¡Hola! Me llamo Pedro. Tengo pelo castaño. Rafael tiene pelo rubio. Laura y Raquel tienen pelo castaño. Son muy altas, también son muy inteligentes. La persona de pelo rubio es muy perezosa, seria y un poco mala.

¿Comprendiste?

Answer the following questions in complete sentences, based on the information in the reading.

1. ¿Cómo es Rafael?

_____

_____

2. ¿Cómo son Laura y Raquel?

_____

_____

3. ¿Es Rafael trabajador?

_____

¿Qué piensas?

1. ¿Cómo eres tú?

_____

2. ¿Te gustan las personas rubias?

_____

3. ¿Te gustan las personas altas?

_____

Leer C

> **¡AVANZA!** **Goal:** Read how people describe themselves and others.

¡Hola! Somos estudiantes. Yo me llamo Alberto y soy de España. Tengo unos amigos de los Estados Unidos y otros (*others*) de Colombia. La maestra es una mujer joven de Paraguay. Yo soy una persona organizada y un estudiante bueno porque me gusta estudiar. A Andrés no le gusta hacer la tarea, pero es muy artístico. A él le gusta dibujar. Felipe es un poco desorganizado, pero es muy simpático. Sandro es un estudiante bueno y es muy atlético. Le gusta correr y jugar al fútbol. Andrés tiene pelo castaño y es alto. Felipe es grande y tiene pelo rubio. Yo soy pelirrojo y un poco bajo. ¡Todos somos amigos muy simpáticos!

¿Comprendiste?

Answer the following questions in complete sentences.

1. ¿Cómo es la maestra?

   _____

2. ¿Es Alberto un estudiante bueno? ¿Por qué?

   _____

3. ¿Cómo es Andrés?

   _____

4. ¿Cómo es Felipe?

   _____

¿Qué piensas?

1. ¿Son los chicos buenos amigos? ¿Por qué? (Why?)

   _____

2. ¿Cómo son los amigos de tu (your) clase?

   _____

   _____

Escribir A

> **¡AVANZA!** **Goal:** Write descriptions of people you know.

Step 1

Write the name of one person you admire. Then, make a list of adjectives that describe him or her.

1. **Nombre:** _____

2. **¿Cómo es?:** _____

Step 2

Refer back to your list in Step 1, and write two sentences about the person you chose and one sentence about why (s)he is that way.

_____

_____

Step 3

Evaluate your writing using the information in the table.

Writing Criteria	Excellent	Good	Needs Work
Content	You have included three sentences to write your description about the person you chose.	You have included two sentences to write your description about the person you chose.	You have included one or less sentences to write your description about the person you chose.
Communication	Most of your description is clear.	Some of your desription is clear.	Your description is not very clear.
Accuracy	You make few mistakes in grammar and vocabulary.	You make some mistakes in grammar and vocabulary.	You make many mistakes in grammar and vocabulary.

Escribir B

Level 1a, pp. 84–85

¡AVANZA!	**Goal:** Write descriptions of people you know.

Step 1

Fill out this chart with information about yourself.

Nombre	
Soy	
No soy	
Tengo	
Me gusta	

Step 2

Now, tell why you chose the words above to describe yourself. Write three complete sentences about yourself. Follow the model.

modelo: Soy estudiante buena porque me gusta hacer la tarea. No soy perezosa porque me gusta trabajar. Me gusta tocar la guitarra porque soy artística.

_____

_____

Step 3

Evaluate your writing using the information in the table.

Writing Criteria	Excellent	Good	Needs Work
Content	You have included three sentences in your explanation.	You have included two sentences in your explanation.	You have included one of fewer sentences in your explanation.
Communication	Most of your explanation is clear.	Some of your explanation is clear.	Your explanation is not very clear.
Accuracy	You make few mistakes in grammar and vocabulary.	You make some mistakes in grammar and vocabulary.	You make many mistakes in grammar and vocabulary.

Escribir C

> **¡AVANZA!** **Goal:** Write descriptions of people you know.

Step 1

List one person you know. Then, write as many nouns, adjectives and other expressions as you can to describe him or her.

Nombre: _____

_____

_____

_____

Step 2

Now, in four sentences, tell why you like the person you chose in Step 1. Begin your paragraph with "Me gusta…" and the name of the person you described.

_____

_____

_____

Step 3

Evaluate your writing using the information in the table.

Writing Criteria	Excellent	Good	Needs Work
Content	You have included four sentences to write your explanation.	You have included three sentences to write your explanation.	You have included two or less sentences to write your explanation.
Communication	Most of your explanation is clear.	Some of your explanation is clear.	Your explanation is not very clear.
Accuracy	You make few mistakes in grammar and vocabulary.	You make some mistakes in grammar and vocabulary.	You make many mistakes in grammar and vocabulary.

Cultura A

¡AVANZA! **Goal:** Review the importance of the Hispanic community in the United States.

1 **The United States** Complete the following sentences with one of the multiple choice phrases.

1. This city has the highest percentage of Latinos (77%) in the United States. ____

   a. San Antonio   **b.** Houston   **c.** El Paso

2. Miami's Little Havana is home to the famous ____

   a. Calle Ocho   **b.** Calle Nueve   **c.** Calle Cuatro

3. One of San Antonio's main attractions is ____

   a. the Freedom Tower   **b.** the Paseo del Río   **c.** the Cuban American Museum

2 **Florida and Texas** Complete the following sentences.

1. Carmen Lomas Garza is a painter who grew up in _____ .

2. _____ are eggshells filled with confetti.

3. Many people go to _____ in Miami to enjoy Cuban sandwiches and mango juice.

4. It is possible to hear _____ music played in San Antonio's El Mercado.

3 **Regional cuisine** Fill out the chart below to list typical dishes or ingredients of Tex-Mex and Mexican cuisine. Then, describe the foods you listed. Have you ever eaten any of these dishes (or dishes made with these ingredients)? Tell where you have eaten them and whether or not you like the dish.

Tex-Mex	Mexican

_____

_____

_____

_____

Cultura B

> **¡AVANZA!** **Goal:** Review the importance of the Hispanic community in the
> United States.

1 **The United States** Read the following sentences and answer *true* or *false*.

T   F   **1.** Tex-Mex is a mix of Mexican and Cuban food.

T   F   **2.** *Cascarones* are eggshells filled with rice.

T   F   **3.** **Chile con carne** is a Tex-Mex dish.

T   F   **4.** Black beans are typical of traditional Mexican cuisine.

T   F   **5.** The Alamo is located in San Antonio.

2 **Popular places** Write where you can find the following places.

Places to visit	In which city are they located?
Little Havana	
The Paseo del Río	
Calle Ocho	
La Villita	

3 **Cascarones** Write about *cascarones.* Tell what they are and what to do with them.

_____

_____

_____

_____

_____

_____

Cultura C

> ¡AVANZA! **Goal:** Review the importance of the Hispanic community in the
> United States.

1 **Hispanic culture** Complete the following sentences.

1. _____ are eggshells filled with confetti.

2. Carmen Lomas Garza is a Mexican-American who grew up in _____ .

3. The Paseo del Río and the Alamo are located in _____ .

4. Little Havana is located in _____ .

2 **In the U. S.** Answer the following questions about the Hispanic community in the United
States.

1. Where in the United States can you hear mariachi music?

_____

2. What is Tex-Mex food? Give two examples.

_____

_____

3. Where is Calle Ocho located and what can people do there?

_____

_____

3 **Visiting San Antonio** Write a postcard to a friend describing a trip to San Antonio. What
did you see and do there? What foods did you try?

_____

_____

_____

_____

_____

_____

_____

Comparación cultural: Me gusta...

Level 1a, pp. 86–87

Lectura y escritura

After reading the paragraphs about how José, Manuel, Martina, and Mónica describe themselves and their favorite activities, write a short paragraph about yourself. Use the information on your personal chart to write sentences and then write a paragraph that describes yourself.

Step 1

Complete the personal chart describing as many details as you can about yourself.

Categoría	Detalles
país de origen	
descripción física	
personalidad	
actividades favoritas	
comidas favoritas	

Step 2

Now take the details from your personal chart and write a sentence for each topic on the chart.

_____

_____

_____

_____

_____

_____

_____

Comparación cultural: Me gusta...

Level 1a, pp. 86–87

Lectura y escritura (continued)

Step 3

Now write your paragraph using the sentences you wrote as a guide. Include an introduction sentence and use the verbs **ser** and **gustar** to write about yourself.

_____

_____

_____

_____

_____

_____

_____

Checklist

Be sure that...

☐ all the details about yourself from your chart are included in the paragraph;

☐ you use details to describe, as clearly as possible, the activities you like the most;

☐ you include new vocabulary words and the verbs **ser** and **gustar.**

Rubric

Evaluate your writing using the rubric below.

Writing criteria	Excellent	Good	Needs Work
Content	Your paragraph includes many details about yourself.	Your paragraph includes some details about yourself.	Your paragraph includes little information about yourself.
Communication	Most of your paragraph is organized and easy to follow.	Parts of your paragraph are organized and easy to follow.	Your paragraph is disorganized and hard to follow.
Accuracy	Your paragraph has few mistakes in grammar and vocabulary.	Your paragraph has some mistakes in grammar and vocabulary.	Your paragraph has many mistakes in grammar and vocabulary.

Comparación cultural: Me gusta...

Level 1a, pp. 86–87

Compara con tu mundo

Now write a comparison about yourself and one of the three students from page 87. Organize your comparison by topics. First, compare where you are from, then your personality and physical description, and lastly your favorite activities and food.

Step 1

Use the chart to organize your comparison by topics. Write details for each topic about yourself and the student you chose.

Categoría	Mi descripción	La descripción de _____
país de origen		
descripción física		
personalidad		
actividades favoritas		
comidas favoritas		

Step 2

Now use the details from your personal chart to write a comparison. Include an introduction sentence and write about each topic. Use the verbs **ser** and **gustar** to describe yourself and the student you chose.

_____

_____

_____

_____

_____

_____

_____

Vocabulario A

¡AVANZA! **Goal:** Talk about daily schedules.

1 What are your classes this year? Read the following list and mark with an X next to each subject you are taking.

1. ____ el español
2. ____ el inglés
3. ____ el arte

7. ____ la historia
8. ____ las matemáticas
9. ____ las ciencias

2 **¿A qué hora son las clases?** Look at Wednesday's class schedule and complete the sentences with the time each class meets.

Horario de clases	
Hora	**miércoles**
8:30	historia
9:15	inglés
10:00	español
12:50	ciencias

1. La clase de historia es _____.
2. La clase de inglés es _____.
3. La clase de español es _____.
4. La clase de ciencias es _____.

3 In a complete sentence, answer the following questions about yourself:

1. ¿A qué hora es la clase de matemáticas?

_____

2. ¿Cuántos exámenes hay en la clase de español?

_____

Level 1a, pp. 94–99

Vocabulario B

¡AVANZA! **Goal:** Talk about daily schedules.

1 Choose the correct word or phrase in parentheses to complete each sentence.

1. Hay (veinticuatro / veintiún) horas en un día.

2. Hay (setenta / sesenta) minutos en una hora.

3. Tengo que estudiar para (sacar una buena nota / sacar una mala nota).

4. Estudiar a las diez de la noche es estudiar (tarde / temprano).

5. El maestro tiene que (aprender / enseñar) el español.

6. La estudiante tiene que (llegar/ contestar) la pregunta.

2 Look at María's schedule and tell when she has the following classes. Use the words in the box.

Hora	lunes	martes	miércoles	jueves	viernes
8:30	historia	historia	historia	historia	historia
10:15	matemáticas	matemáticas	matemáticas	matemáticas	matemáticas
12:00	inglés	español	ciencias	español	español

1. ¿La clase de historia?

_____

2. ¿La clase de arte?

_____

3. ¿La clase de ciencias?

_____

todos los días
de vez en
cuando
nunca
muchas veces

3 Describe your schedule of morning classes in complete sentences. Follow the model:

modelo: A las siete y media de la mañana tengo clase de inglés. La clase de matemáticas es a las nueve. A las once tengo clase de arte.

_____

_____

_____

Vocabulario C

> ¡AVANZA! **Goal:** Talk about daily schedules.

1 Describe what you have to do in each class in order to get a good grade. Use complete sentences.

1. (la clase de español) _____

2. (la clase de matemáticas) _____

3. (la clase de ciencias) _____

4. (la clase de inglés) _____

2 Answer the following questions with complete sentences:

1. ¿Te gusta usar la computadora en la clase de español?

_____

2. ¿Te gusta hablar en la clase de español?

_____

3. ¿Te gusta dibujar en la clase de arte?

_____

4. ¿ A qué hora es tu clase de matemáticas?

_____

5. ¿Te gusta leer libros en la clase de inglés?

_____

6. ¿Cómo es el(la) maestro(a) de ciencias?

_____

3 Describe your schedule of afternoon classes in complete sentences. Explain what you like to do in each class.

_____

_____

_____

_____

_____

Gramática A   The Verb *tener*

> **¡AVANZA!**   **Goal:** Use **tener** to say what people have and have to do.

1 Underline the correct form of **tener** that completes the sentence.

1. Nosotros (tienen / tenemos) patinetas.

2. Tú (tienes / tengo) una computadora.

3. Laura y Tomás (tiene / tienen) clase a las nueve y cuarto.

4. Yo (tiene / tengo) mucha tarea de ciencias.

2 Complete the following sentences with an expression of frequency from the word bank:

nunca	siempre	de vez en cuando	mucho

1. Rodrigo y Trina son muy inteligentes; _____ les gusta contestar las

preguntas del maestro.

2. No me gusta sacar una mala nota; tengo que estudiar _____ .

3. Teresa es muy perezosa; _____ le gusta hacer la tarea.

4. La clase de inglés es muy fácil; tenemos tarea _____ .

3 **Para sacar una buena nota en el examen…** Look at the drawings and write two
complete sentences about what the following people have to do.

1.    **2.**    **3.**

1. _____

2. _____

3. _____

UNIDAD 2 · Gramática A
Lección 1

Gramática B The Verb tener

| ¡AVANZA! | **Goal:** Use **tener** to say what people have and have to do. |

1 Choose the form of **tener** that best completes each sentence.

1. Javier _____ clase de español los martes a las once menos cuarto.

   a. tienen   **b.** tienes   **c.** tenemos   **d.** tiene

2. Muchas veces, Raúl y Aída _____ que tomar apuntes en la clase de historia.

   a. tiene   **b.** tienen   **c.** tenemos   **d.** tienes

3. Lorena, Paloma y yo _____ que trabajar los sábados y domingos.

   a. tenéis   **b.** tengo   **c.** tenemos   **d.** tienen

4. Carolina, ¿tú _____ un lápiz?

   a. tiene   **b.** tengo   **c.** tienes   **d.** tenéis

2 Tell what the following people have to do in order to get good grades. Write complete sentences.

modelo: Jorge / tomar apuntes (siempre)
              Jorge siempre tiene que tomar apuntes.

1. María Elena y Nora / estudiar (mucho)

   _____

2. nosotros / usar la computadora (siempre)

   _____

3. yo / hablar con la maestra (de vez en cuando)

   _____

4. Alejandro / hacer la tarea (muchas veces)

   _____

5. tú / leer el libro / (todos los días)

   _____

3 Write three sentences to explain what you have to do in Spanish class today.

   _____

   _____

Gramática C   *The Verb Tener*

Level 1a, pp. 100–105

> **¡AVANZA!**   **Goal:** Use **tener** to say what people have and have to do.

1 Write the correct form of the verb **tener**.

1. Manuel y Norberto _____ un examen de ciencias mañana.

2. Yo _____ que estudiar todos los días para el examen de historia.

3. Nosotros siempre _____ que tomar apuntes en la clase de inglés.

4. Muchas veces Nadia _____ que trabajar los sábados.

2 Answer the following questions in complete sentences.

1. ¿A qué hora y qué días tienes clase de español?

_____

_____

2. ¿Qué tienes que hacer para sacar buenas notas?

_____

_____

3. ¿Qué siempre tienes que hacer en la clase de español?

_____

_____

4. ¿Cuántas clases tienes los martes?

_____

_____

3 Write four sentences about what you have to do in a regular week at school. Use expressions of frequency.

_____

_____

_____

_____

_____

Gramática A *Present tense of –ar verbs*

> **¡AVANZA!** **Goal:** Use the present tense to say what people do.

1 Underline the verb that best completes each sentence below.

1. Sara (mira/ miran / miro) la televisión por la tarde.

2. Alicia y yo (escucho / escuchamos / escucha) música todos los días.

3. Muchas veces, tú (contestamos / contesta/ contestas) las preguntas.

4. Ustedes (trabaja / trabajamos / trabajan) todos los días.

2 Complete the following sentences with the appropriate form of the verb in parentheses.

1. Todos los días, Sandra, Eduardo y yo _____ la guitarra. (tocar)

2. Sandra y sus amigas _____ por las tardes. (dibujar)

3. Yo _____ las preguntas del maestro. (contestar)

4. Sandra, tú siempre _____ temprano a casa. (llegar)

3 Write complete sentences to say what each person is doing. Follow the model:

modelo: nosotros / estudiar mucho: Nosotros estudiamos mucho.

1. tú / siempre / tomar apuntes

   _____

   _____

2. Fernando y Clara / casi nunca / montar en bicicleta

   _____

   _____

3. Yaliza y yo / nunca / sacar malas notas

   _____

   _____

4. Usted / enseñar matemáticas

   _____

   _____

Gramática B *Present Tense of –ar Verbs*

> **¡AVANZA!** **Goal:** Use the present tense to say what people do.

UNIDAD 2 • Gramática B
Lección 1

1 Sandra and Eduardo do many things. Choose the verb that best completes each sentence.

1. Sandra _____ televisión por la tarde.

   a. miras   **b.** miran   **c.** miramos   **d.** mira

2. Eduardo _____ música todos los días.

   a. escuchan   **b.** escuchas   **c.** escucha   **d.** escuchamos

3. Eduardo y Sandra casi nunca _____ por la tarde.

   a. descansas   **b.** descansan   **c.** descanso   **d.** descansamos

4. Yo siempre _____ un DVD.

   a. alquila   **b.** alquilo   **c.** alquilas   **d.** alquilan

2 Write the correct form of the verbs in parentheses to complete the following conversation.

Sandra: Hola, Eduardo. ¿**1.** _____ (descansar) en la tarde?

Eduardo: Nunca. Mis amigos y yo siempre **2.** _____ (tocar) la guitarra. ¿Y tú?

Sandra: Yo **3.** _____ (practicar) deportes casi todas las tardes.

   ¿Tú **4.** _____ (estudiar) en la mañana o en la tarde?

Eduardo: En la tarde **5.** _____ (montar) en bicicleta.

   6. _____ (Estudiar) en la mañana, a las seis.

3 Answer the following questions in complete sentences.

1, ¿Preparas la comida todos los días?

   _____

2. ¿Estudias mucho en la clase de español?

   _____

3. ¿Miras la televisión después de las clases?

   _____

Gramática C *Present Tense of –ar Verbs*

¡AVANZA! **Goal:** Use the present tense to say what people do.

1 Complete these sentences with the correct form of the verb **llegar**.

Martín y yo **1.** _____ a la escuela antes de las ocho.

Somos estudiantes en la escuela de Miami. Martín siempre

2. _____ temprano a clase, pero yo casi siempre

3. _____ tarde porque hablo mucho con los amigos. Y

tú, ¿ **4.** _____ tarde o temprano a clase?

2 Look at the drawings below and write what each person is doing.

1.

2.

3.

4.

1. Soraya y yo _____

2. Manuel _____

3. los maestros _____

4. yo _____

3 Write four sentences describing what you do after school.

_____

_____

_____

_____

_____

_____

UNIDAD 2
Lección 1 · Gramática C

Integración: Hablar

The Rodríguez' go to a family summer camp in México. There are many recreational and educational activities, and kids and parents need to come to terms with their schedules. The parents and kids want to participate in different activities, but they also want to be together. Señora Rodríguez calls the camp's Automated Information Center to get help with everybody's schedules.

Fuente 1 Leer

Read the ad for the family summer camp...

CAMPAMENTO FAMILIAR GUADALAJARA

HAY ACTIVIDADES TODOS LOS DÍAS.

- Los lunes, miércoles y viernes tenemos clases de la historia y el arte de México. Las clases son de hombres y mujeres. Son de las nueve y media a las diez y cuarto de la mañana.

- ¿Les gusta practicar deportes? Los martes y jueves tenemos fútbol de hombres y mujeres, de las diez y cuarto a las once de la mañana.

El horario del sábado y domingo es muy bueno; siempre hay actividades de grandes y pequeños ¿La familia tiene chicos y chicas? ¿Tienen preguntas? **El número de teléfono es 723-888-2479.**

Fuente 2 Escuchar   *WB CD 01 track 22*

Listen to the students' schedule recorded on the automated information center. Take notes.

_____

_____

_____

Hablar

How are the kids' schedules different from the parents'? Include information from both the camp ad and the automated information center in your answer.

modelo: Los hombres y mujeres tienen actividades en la...El horario de los chicos y chicas...Pero los sábados y domingos...

Integración: Escribir

Level 1a, pp. 110–112
WB CD 01 track 23

Joaquín writes an editorial about his history teacher. He describes him in such good terms that now everybody calls señor Ortiz's office to get into his class. Señor Ortiz records an automated answer with frequently asked questions.

Fuente 1 Leer

Read Joaquín's editorial in the school's newspaper about his history teacher...

El señor Ortiz: un maestro de historia muy bueno

En la clase de historia me gusta aprender. ¿Por qué? Porque el señor Ortiz es bueno. Él siempre contesta las preguntas de los estudiantes. A veces la tarea es difícil. Pero soy organizado y tomo apuntes todos los días. Tengo que sacar una buena nota, porque me gusta aprender con el señor Ortiz.

Fuente 2 Escuchar   WB CD 01 track 24

Listen to señor Ortiz's recorded message. Take notes.

_____

_____

_____

_____

Escribir

What do you need to do to get a good grade in señor Ortiz's history class?

modelo: Tengo que ser organizado y también tengo que llegar temprano, nunca llegar tarde. De vez en cuando está bien, pero no siempre.

_____

_____

_____

_____

_____

_____

Escuchar A

| ¡AVANZA! | **Goal:** Listen to find out about the activities that some kids do. |

1 Listen to Pablo and take notes. Then, read each sentence and answer **cierto** (true) or **falso** (false).

C　F　**1.** El examen de ciencias es el martes.

C　F　**2.** Claudia nunca saca buenas notas.

C　F　**3.** A Pablo no le gusta estudiar.

C　F　**4.** Pablo y sus amigos siempre tocan la guitarra.

C　F　**5.** Hoy, Pablo llega tarde.

2 Listen to Adriana and take notes. Then, complete the sentences below.

1. Adriana es muy _____ .

2. A Saúl no le gusta _____ .

3. A Saúl le gusta más _____ .

4. Saúl necesita _____ el viernes.

5. Hoy, Saúl _____ con Adriana.

Escuchar B

| ¡AVANZA! | **Goal:** Listen to find out about the activities that some kids do. |

1 Listen to Luciana talk about different people. Take notes. Then match the activities below with the correct name in the box.

1. Monta en bicicleta. _____

2. Tiene que sacar una buena nota en la clase de ciencias. _____

3. Enseña la clase de ciencias. _____

4. Tienen un examen de ciencias el viernes. _____

> a. Luciana y Rubén
> b. la señora Burgos
> c. Luciana
> d. Rubén

2 Listen to Rubén and take notes. Then, write about what people are doing in complete sentences.

1. _____

2. _____

3. _____

4. _____

UNIDAD 2 Lección 1 • Escuchar B

Escuchar C

Level 1a, pp. 118–119
WB CD 01 tracks 29-30

¡AVANZA! **Goal:** Listen to find out about the activities that some kids do.

1 Listen to señora Domínguez and take notes. Then, complete the following sentences.

1. Los estudiantes de la señora Domínguez casi siempre _____ .

2. Los estudiantes llegan _____ a clase.

3. De vez en cuando, Mercedes no _____ mucho.

4. Todos los estudiantes de la señora Domínguez _____ .

5. Los chicos nunca _____ a casa.

2 Listen to señora Pérez describe her class. Then answer the questions below in complete sentences.

1. ¿Cómo son los estudiantes de la señora Pérez?

   _____

   _____

2. ¿Llegan tarde a clase?

   _____

   _____

3. ¿Qué tiene que hacer Iván?

   _____

   _____

4. ¿Quién *(who)* toma muchos apuntes*?*

   _____

   _____

Leer A

¡AVANZA! **Goal:** Read about what students do and what they have to do.

> En la clase de ciencias hay muchos estudiantes. A Irene siempre le gusta estudiar y hacer la tarea. En todos los exámenes saca cien. Pablo nunca estudia y no le gusta tomar apuntes. En los exámenes saca cuarenta, cincuenta y treinta. Muchas veces, a Sandra le gusta hacer la tarea. En los exámenes saca noventa, cuarenta y cien. A Eduardo a veces le gusta estudiar y hacer la tarea. En los exámenes saca noventa, noventa y noventa. A Javier nunca le gusta leer libros. En los exámenes saca cuarenta, cincuenta y cuarenta. Todos los estudiantes son diferentes y me gusta enseñar ciencias a todos.

¿Comprendiste?

Read the note from señor Ortiz. Then, read each sentence and answer **cierto** (true) or **falso** (false).

C   F   **1.** Irene siempre saca buenas notas.

C   F   **2.** De vez en cuando, Sandra saca una mala nota.

C   F   **3.** En todos los exámenes, Javier saca buenas notas.

C   F   **4.** Muchas veces, Pablo saca una buena nota.

C   F   **5.** Eduardo nunca saca una mala nota.

¿Qué piensas?

1. ¿Piensas que Javier tiene que estudiar más?¿Por qué?

_____

_____

_____

2. ¿Tú sacas buenas notas en la clase de ciencias?

_____

_____

_____

Leer B

UNIDAD 2
Lección 1
•
Leer B

> ¡AVANZA! **Goal:** Read about what students do and what they have to do.

Señores Rodríguez,

Soy la maestra de ciencias y Javier es estudiante en la clase. Javier saca malas notas en los exámenes de ciencias. Él siempre toma apuntes en clase y prepara la tarea todos los días, pero necesita estudiar más. A Javier no le gusta contestar preguntas en clase. Es inteligente pero no trabaja mucho en clase. Por favor, necesitan hablar con Javier antes del examen en mayo.

Señora Burgos

¿Comprendiste?

Read the letter Javier's teacher has written to his parents. Then, complete the following sentences:

1. Javier saca _____ en ciencias.

2. Javier siempre _____ en clase.

3. Javier _____ la tarea todos los días.

4. Javier _____ estudiar más.

5. Javier no _____ mucho en la clase.

¿Qué piensas?

1. ¿Necesitas estudiar mucho en todas las clases? Explica.

_____

_____

_____

2. ¿En qué clases no tomas apuntes?

_____

_____

_____

Leer C

> **¡AVANZA!** **Goal:** Read about what students do and what they have to do.

Mario:	¡Hola Leonor! ¿Cómo estás?
Leonor:	Bien. ¿Tienes que llegar a clase temprano?
Mario:	Sí. La clase de español es a las ocho y diez de la mañana.
Leonor:	¿Qué tienes que hacer después de las clases?
Mario:	Después de las clases tengo que hacer la tarea. Necesito leer un libro de inglés. ¿Y tú?
Leonor:	Yo tengo que tocar la guitarra. Tengo una clase de música a las cinco y media. Toco la guitarra casi todos los días.
Mario:	También dibujo o escucho música en la tarde.
Leonor:	Mario, ¡son las ocho menos diez!
Mario:	¡Tengo que ir a clase! Adiós.
Leonor:	¡Hasta luego!

¿Comprendiste?

Read the conversation between two friends, Mario and Leonor. Then, answer **cierto** (true) or **falso** (false).

C F **1.** Mario tiene que ir temprano a la clase de español.

C F **2.** Leonor toca la guitarra de vez en cuando.

C F **3.** A Mario le gusta mucho tocar la guitarra.

C F **4.** Leonor tiene que ir a la clase de música por la tarde.

C F **5.** Mario dibuja y toca música.

¿Qué piensas?

1. ¿Qué tienes que hacer antes de las clases?

_____

2. ¿Qué tienes que hacer después de las clases?

_____

Escribir A

> ¡AVANZA! **Goal:** Write about your daily schedule.

Step 1

Write Carolina's schedule in order in the chart using the list in the box. Write the class times in numbers.

nueve menos diez: ciencias	diez y cuarto: español	doce y media: historia	dos y diez: arte

Hora				
Lunes				

Step 2

Write three sentences telling when Carolina has class on Monday.

_____

_____

_____

Step 3

Evaluate your writing using the information in the table.

Writing Criteria	Excellent	Good	Needs Work
Content	You included three sentences telling when Carolina has class on Monday.	You included two sentences telling when Carolina has class on Monday.	You include one sentence telling when Carolina has class on Monday.
Communication	Most of your message is organized and easy to follow.	Parts of your message are organized and easy to follow.	Your message is disorganized and hard to follow.
Accuracy	You make few mistakes in grammar and vocabulary.	You make some mistakes in grammar and vocabulary.	You make many mistakes in grammar and vocabulary.

Escribir B

¡AVANZA! **Goal:** Write about your your daily schedule.

Step 1

Write out in words the times of the classes in Laura's schedule:

Hora	lunes	martes	miércoles	jueves
8:30	matemáticas	historia	matemáticas	matemáticas
11:15	ciencias	ciencias	historia	ciencias
1:20	español			español

Step 2

Look at Laura's schedule and write about her week at school:

_____

_____

_____

_____

Step 3

Evaluate your writing using the information in the table.

Writing Criteria	Excellent	Good	Needs Work
Content	You have described Laura's schedule at school completely.	You have described most of Laura's schedule at school.	You have not described much of Laura's schedule at school.
Communication	Most of your response is clear.	Some of your response is clear.	Your message is not very clear.
Accuracy	You make few mistakes in grammar and vocabulary.	You make some mistakes in grammar and vocabulary.	You make many mistakes in grammar and vocabulary.

¡Avancemos! 1a
Cuaderno: Práctica por niveles

UNIDAD 2
Lección 1

Escribir B

Unidad 2, Lección 1
Escribir B

69

Escribir C

UNIDAD 2
Lección 1

• Escribir C

> ¡AVANZA! **Goal:** Write about your daily schedule.

Step 1

Read what Julio says and write his class schedule in order. Write the subjects and times of the classes in the table below.

Julio: Los lunes, miércoles y viernes tengo clase de matemáticas a las doce y cuarto de la tarde. Los martes y jueves tengo clase de español a las nueve y media de la mañana. Los lunes y miércoles tengo clase de inglés a las ocho menos diez de la mañana. Tengo clase de ciencias los martes y jueves a las dos y veinte de la tarde.

Hora	lunes	martes	miércoles	jueves	viernes

Step 2

Using Julio's schedule above, and the words **siempre, muchas veces, de vez en cuando,** write about what Julio has to do in three of his classes.

_____

_____

_____

Step 3

Evaluate your writing using the information in the table.

Writing Criteria	Excellent	Good	Needs Work
Content	You described what Julio has to do in three classes.	You described what Julio has to do in two classes.	You described what Julio has to do in one class.
Communication	Most of your message is organized and easy to follow.	Parts of your message are organized and easy to follow.	Your message is disorganized and hard to follow.
Accuracy	You make few mistakes in grammar and vocabulary.	You make some mistakes in grammar and vocabulary.	You make many mistakes in grammar and vocabulary.

Copyright © by McDougal Littell, a division of Houghton Mifflin Company.

Cultura A

| ¡AVANZA! | **Goal:** Review cultural information about Mexico. |

1 **Mexican culture** Choose the multiple choice item that completes each sentence.

1. The currency of Mexico is the ____

    a. Mexican dollar   **b.** Mexican peso   **c.** Mexican bolívar

2. A **zócalo** is a ____

    a. town square   **b.** garden   **c.** temple

3. Three typical Mexican foods are ____

    a. pizzas, pasta and sausages   **b.** hamburgers, French fries, and malts   **c.** tortillas, tacos, and enchiladas

2 **Mexico** Choose the correct word to complete the following sentences.

1. UNAM is Mexico's largest (airport / university).

2. The pyramid of Kukulcán was used as a (tomb / temple).

3. Salma Hayek is a Mexican (actress / writer).

4. The Jardín Principal in San Miguel de Allende, Mexico is a (temple / park).

5. It is common for students in Mexico to wear (jeans / uniforms) to school.

3 **Arte mexicano** Mexican artist Diego Rivera created many murals, including *Alfabetización*. Look at the image from this mural on page 109 of your book. Describe what you see in the mural. How do you think this reflects the idea of free public education?

_____

_____

_____

_____

_____

_____

Cultura B

| ¡AVANZA! | **Goal:** Review cultural information about Mexico. |

1 **Mexico** Read the following statements about Mexico and circle *true* or *false*.

T F **1.** The capital of Mexico is San Luis.

T F **2.** Tacos are an example of typical Mexican food.

T F **3.** The Mexican currency is the euro.

T F **4.** Diego Rivera created many murals reflecting Mexico's history.

T F **5.** Mexico has the largest Spanish-speaking population in the world.

T F **6.** Only private school students in Mexico wear uniforms.

2 **Identify places** Match each place with the corresponding description.

The pramid of Kukulcán

The **Jardín Principal**

UNAM

Chichén Itzá

zócalo

One of the oldest universities in
      Latin America

Used as a temple

A town square or plaza

A park located in San Miguel de Allende

An ancient Mayan city

3 **School requirements** Write a comparison of your school and the Colegio Americano in Guadalajara, Mexico. What subjects do you have to study at school? What do you have to do to graduate from high school? How is this similar or different from the requirements at the Colegio Americano?

_____

_____

_____

_____

_____

_____

Cultura C

> ¡AVANZA! **Goal:** Review cultural information about Mexico.

1 **Mexico** Complete the following sentences.

1. The _____ is the official currency of Mexico.

2. The _____ of Kukulcán was used as a temple.

3. _____ are commonly worn by students in Mexican schools.

4. The _____ de México has almost 270,000 students.

5. Many Mexican cities have town squares known as _____

2 **Mexican culture** Answer the following questions about Mexico.

1. What can you do in the **Jardín Principal** in San Miguel de Allende?

_____

2. What type of artwork did Diego Rivera create for the Mexican government?

_____

3. What idea is reflected in Diego Rivera's *Alfabetización?*

_____

3 **A visit to Mexico** There are many interesting places to visit in Mexico. Write a paragraph about the following places in Mexico: Parque San Miguel de Allende, the Mayan city of Chichén Itzá, and the Universidad Nacional Autónoma de México (UNAM). Describe each place and then tell which place you would like to visit and why.

_____

_____

_____

_____

_____

_____

_____

UNIDAD 2
Lección 1 • Cultura C

Vocabulario A

> ¡AVANZA! **Goal:** Talk about your school.

1 Marcela needs to go to science class. Indicate what she would put in her backpack by placing an X next to the words.

1. _____ el escritorio
2. _____ el lápiz
3. _____ el cuaderno
4. _____ el pizarrón
5. _____ la calculadora

6. _____ la pluma
7. _____ el papel
8. _____ la silla
9. _____ la puerta
10. _____ el mapa

2 Raúl and Graciela are at school. Complete the following sentences with the appropriate word from the box.

1. Raúl practica muchos deportes los lunes. Hoy es martes y él está

   _____ .

2. El maestro escribe en el pizarrón. Él necesita

   _____ y _____ .

3. Graciela necesita leer un libro. Ella está en _____ .

4. Pasar un rato con amigos en la cafetería es _____ .

5. Hoy hay un examen de matemáticas muy difícil. Los estudiantes están

   _____ .

la biblioteca
nerviosos
tiza
divertido
cansado
un borrador

3 List three items you have in your backpack for your morning classes.

En la mochila tengo:

_____

_____

_____

_____

_____

Vocabulario B

> **¡AVANZA!** **Goal:** Talk about your school.

1 The following students are at school. Choose the word that best completes the sentence:

1. Raúl está _____ porque tiene examen de ciencias. Es muy difícil.

   a. contento   **b.** interesante   **c.** nervioso   **d.** aburrido

2. Cristina necesita libros de ciencias. Ella está en _____ .

   a. el gimnasio   **b.** el pasillo   **c.** el baño   **d.** la biblioteca

3. Muchos estudiantes compran refrescos en _____ .

   a. casa   **b.** la cafetería   **c.** la biblioteca   **d.** el baño

4. Susana tiene mucha tarea; está muy _____ .

   a. aburrida   **b.** ocupada   **c.** difícil   **d.** tranquila

5. La clase de música no es aburrida porque el maestro es _____ .

   a. interesante   **b.** emocionada   **c.** enojado   **d.** deprimido

2 Roberto is the opposite of his friend Lorena. Complete the following sentences.

1. Cuando Roberto está deprimido, o triste, Lorena está _____ .

2. Lorena es divertida, Roberto es _____ .

3. Roberto está nervioso, pero Lorena está _____ .

4. Cuando Lorena tiene tarea fácil, Roberto tiene tarea _____ .

3 Answer the following questions about yourself and your classroom in complete sentences.

1. ¿Cómo estás cuando sacas una buena nota?

_____

2. ¿Cómo estás cuando tienes un examen difícil?

_____

3. ¿Cuántas ventanas hay en tu clase?

_____

Vocabulario C

> **¡AVANZA!** **Goal:** Talk about your school.

1 Margarita and Marcelo are at school. Complete the following text using the words from the box.

Margarita y Marcelo compran refrescos en **1.** _____

de la escuela. Luego, leen libros en **2.** _____

para el examen de ciencias del viernes. El examen no es

3. _____ , es difícil. Por eso, Marcelo está

4. _____ . Margarita no está nerviosa, ella está

muy **5.** _____ porque siempre saca buenas notas en

ciencias. A Margarita le gusta mucho estudiar ciencias porque es

6. _____ .

tranquila
la biblioteca
interesante
la cafetería
fácil
nervioso

2 Complete the following sentences describing a school.

1. En la escuela de El Valle, hay _____ para practicar deportes.

2. Los estudiantes dibujan en _____ con la tiza.

3. No hay _____ en la clase. ¿Qué hora es?

4. Antes de las clases, los estudiantes están en _____ .

5. Cuando hay problemas muy difíciles en la clase de matemáticas, usamos

_____ .

3 You have just transferred to a new school. Send an e-mail to your best friend and describe what it looks like and your feelings about it.

Gramática A *The Verb estar*

> **¡AVANZA!** **Goal:** Use the verb **estar** to talk about location and condition.

1 Cristina and Sergio are talking in the hall. Re-create their conversation below.

Hola, Sergio. ¿Cómo _____ ? (están / estás)

Hola Cristina. _____ un poco nervioso. (Estamos / Estoy)

¿Por qué _____ nervioso? (estás / estoy)

_____ nervioso por el examen de ciencias. (Estoy / Están) Es difícil.

No, es fácil. Yo _____ tranquila. (estamos / estoy) En mi cuaderno tengo

todos los apuntes. ¿Dónde _____ tu cuaderno? (está / están)

_____ en mi mochila, encima de mi escritorio. (Estoy / Está)

2 Write the correct form of **estar** to complete the description of where these people are.

1. Sarita _____ en la clase de inglés.

2. Yo _____ en la biblioteca.

3. Ana, Claudia y yo _____ en la cafetería.

4. ¿Dónde _____ Sarita y Pablo?

5. El señor Ramírez _____ en la oficina del director.

3 Write questions about Guillermo and his friends. Follow the model.

modelo: Guillermo está en la oficina. ¿Está Guillermo en la oficina?

Jorge está en el pasillo. _____

Luisa está muy contenta. _____

Ramón está nervioso. _____

Gramática B *The Verb estar*

UNIDAD 2 · Gramática B
Lección 2

| ¡AVANZA! | **Goal:** Use the verb **estar** to talk about location and condition. |

1 Choose the correct form of the verb to complete the following statements about location.

1. Mi cuaderno _____ encima de mi escritorio.

   a. estás   **b.** están   **c.** está   **d.** estamos

2. Las ventanas _____ al lado de la puerta.

   a. estamos   **b.** están   **c.** estoy   **d.** está

3. Milagros y yo _____ detrás de la puerta.

   a. estoy   **b.** estás   **c.** están   **d.** estamos

4. La calculadora _____ dentro de la mochila.

   a. están   **b.** está   **c.** estás   **d.** estoy

2 Write sentences to describe some people at school.

1. El maestro / estar en la oficina del director.

   _____

2. Los estudiantes / estar en la cafetería / al lado de la biblioteca.

   _____

3. El director / estar ocupado.

   _____

4. ¿Estar / (tú) cansado?

   _____

3 Esteban has answered his friend's e-mail. Write questions for his responses.

1. _____

   Sí, la oficina del director está cerca del gimnasio.

2. _____

   No, no estoy muy nervioso.

3. _____

   No, el director no está enojado.

Gramática C *The Verb estar*

> **¡AVANZA!** **Goal:** Use the verb **estar** to talk about location and condition.

1 Write complete sentences to find out about the following people in Spanish class.

1. Claudia y yo / estar / cerca de la puerta

_____

2. La maestra / estar / contenta

_____

3. Los estudiantes / estar / ocupados

_____

4. tú / estar / delante de Ana

_____

5. yo / estar / detrás de Miguel

_____

2 Complete the following questions with the correct form of **estar** and the subject. Then, answer each question in complete sentences.

1. ¿ _____ nervioso(a) cuando tienes un examen? (estar / tú)

_____

2. ¿ _____ contentos cuando sacan buenas notas?
(estar / los estudiantes)

_____

3. ¿ _____ cerca de la biblioteca? (estar / los baños)

_____

3 Write three sentences describing people, places, and things at your school. Use the verb **estar** in each of your sentences.

_____

_____

_____

_____

Gramática A *The Verb* **ir**

UNIDAD 2 · Gramática A
Lección 2

> **¡AVANZA!** **Goal:** Use the verb **ir** to say where you and others are going.

1 **¿Adónde van?** Choose the verb that best completes each sentence below.

1. ¿Adónde (va / vamos) Sandra?

2. Nosotras (vamos / van) al gimnasio.

3. ¿Cuándo (vas / van) Sergio y tú a la cafetería?

4. Tú (va / vas) a la clase de inglés los lunes y miércoles.

5. Yo (va / voy) a la biblioteca.

2 Write three complete sentences using the information in the boxes below.

Cristina Sandra y yo Tú	ir a	la biblioteca el gimnasio la clase de arte

1. _____

2. _____

3. _____

3 Answer the following questions in complete sentences.

1. ¿Adónde vas los lunes a las 8:30 de la mañana?

   _____

   _____

2. ¿Adónde vas los lunes a las 3:30 de la tarde?

   _____

   _____

Copyright © by McDougal Littell, a division of Houghton Mifflin Company.

Gramática B   The Verb ir

¡AVANZA! **Goal:** Use the verb **ir** to say where you and others are going.

1 Three students are going to Spanish class. Complete the text below with words from the box.

voy	van	vamos	va

Sarita, Cristina y yo **1.** _____ a la clase de español. Lucía

también **2.** _____ a la clase de español. A mí me gusta,

pero es un poco difícil. Ustedes **3.** _____ a la clase de

español los lunes y miércoles. **4.** Yo _____ a la clase de

español los martes y jueves.

2 Write complete sentences about the following students.

1. Ana y Sandra / ir / a la cafetería.

_____

2. ¿Cuándo ir / Claudia y yo / al gimnasio?

_____

3. (Yo) / ir / a la clase de música.

_____

4. Ustedes / ir / a España / mañana por la noche.

_____

3 Complete the dialogue by answering Nora's questions

Nora: ¿Vas a la clase de inglés en la mañana o en la tarde?

Tú: _____

Nora: ¿Cuándo vas a la cafetería?

Tú: _____

Nora: ¿Adónde vas después de comer?

Tú: _____

Gramática C

> **¡AVANZA!** **Goal:** Use the verb **ir** to say where you and others are going.

1 Complete the sentences with the correct form of **ir**.

1. Todos los días, yo _____ a la escuela.

2. ¿Adónde _____ Sergio y yo cuando estudiamos?

3. Yo _____ a la escuela cerca de mi casa.

4. Ustedes _____ a Colombia el miércoles.

5. ¿Adónde _____ tú a las ocho de la mañana?

2 These students are at school. Put the sentence in the correct order using the correct form of the verb **ir**.

1. Sandra y Pablo / gimnasio (ir)

_____

2. yo / todos los días / a la escuela (ir)

_____

3. Sandra, Sarita y yo / ¿Adónde / en la tarde? (ir)

_____

4. todas las tardes / tú / a la biblioteca (ir)

_____

3 Write an e-mail to one of your friends at school about plans you have with another friend. Be sure to explain where you are going.

_____
_____
_____
_____
_____
_____

Integración: Hablar

It's the first day of class at Escuela Monterrey, in Mexico. Señor Amador, the doorman, is handing out welcome flyers to all students. Then, the principal welcomes everybody over the loudspeaker and gives information about school supplies.

Fuente 1 Leer

Read the school's handout for students...

DÍA UNO EN LA ESCUELA MONTERREY

¡Hola! Soy el señor Amador. Siempre estoy en la puerta de la escuela. Siempre estoy contento. Los estudiantes tienen mucho que hacer. Las clases son muy interesantes y el gimnasio es grande. La cafetería es pequeña; a todos les gusta. Cuando estás en clase, siempre necesitas un cuaderno, un lápiz y una pluma. Pero, ¿cuándo necesitas la calculadora y el mapa? Escucha a la directora. Ella habla todos los días a las ocho y diez. Necesitas llegar temprano siempre y escuchar a la directora.

Fuente 2 Escuchar   *WB CD 01 track 32*

Listen to the principal's loudspeaker message. Take notes.

_____

_____

_____

_____

Hablar

You need to bring many things to school but, when exactly do you need these things? Remember to include information from both señor Amador's handout and the principal's message in your answer.

Modelo: Todos los días hay clases y necesito... Pero cuando no hay clases de...

Integración: Escribir

Level 1a, pp.138–140
WB CD 01 track 33

A group of students has created posters to start an afterschool club. They want to help fellow students who are feeling bored. They want to convince everybody to join the club, so they put an ad in their school radio station.

Fuente 1 Leer
Read the poster the students created.

```
┌────────────────────────────────────────┐
│                                          │
│       ¿ESTÁS ABURRIDO?                   │
│       ~~~~~~~~~~~~~~~~~~~~~~~             │
│   SOMOS EL CLUB DE "LOS DIVERTIDOS".     │
│   TENEMOS ACTIVIDADES INTERESANTES       │
│            PARA TODOS.                    │
│       ~~~~~~~~~~~~~~~~~~~~~~~             │
│            ¿CUÁNDO?                       │
│       TODOS LOS MARTES Y JUEVES          │
│       A LAS CUATRO Y CUARTO              │
│                                          │
│            ¿DÓNDE?                        │
│       EN EL GIMNASIO                      │
│       DE LA ESCUELA                       │
│                                          │
│            ¿QUIÉN?                        │
│   ¡TODOS LOS ESTUDIANTES DE LA ESCUELA!  │
│                                          │
└────────────────────────────────────────┘
```

Fuente 2 Escuchar   *WB CD 01 track 34*
Listen to the school radio ad. Take notes.

_____

_____

_____

Escribir
Then answer this question: You have to convince your friend to join the club. What can you say? Remember to include information from both the poster as well as the radio ad in your answer.

modelo: ¡Hola! ¿Estás abarrido? Hay...

_____

_____

_____

Escuchar A

> ¡AVANZA! **Goal:** Listen to find out what the kids are doing and what they like to do.

1 Listen to Sandra. Match each person with his or her description.

a. Todos   siempre está contenta.

b. Sergio   le gusta la clase de ciencias.

c. Cristina   está muy tranquilo.

d. David   compran refrescos y hablan.

e. Sandra   le gusta escuchar música.

2 Listen to Miguel. Then, read each sentence and answer **cierto** *(true)* o **falso** *(false)*.

C   F   **1.** El pasillo está cerca de la biblioteca.

C   F   **2.** Tomás es muy nervioso.

C   F   **3.** A Elena no le gusta leer.

C   F   **4.** Mario es aburrido.

C   F   **5.** A Mario le gusta escuchar música.

Escuchar B

Level 1a, pp. 146–147
WB CD 01 tracks 37-38

> ¡AVANZA! **Goal:** Listen to find out what the kids are doing and what they like to do.

1 Listen to Sergio. Then complete the sentences below.

1. Los chicos van al pasillo que está al lado _____ .

2. Los chicos van a _____ y compran refrescos.

3. El pasillo está _____ de la biblioteca.

4. Los amigos de Sergio son _____ .

5. Los amigos de Sergio nunca están _____ .

2 Listen to Pablo. Then, answer the questions in complete sentences.

1. ¿Qué tiene que hacer Carolina?

_____

_____

2. ¿Qué actividades practican los amigos de Pablo?

_____

_____

_____

UNIDAD 2 · Escuchar B
Lección 2

Escuchar C

Level 1a, pp. 146–147
WB CD 01 tracks 39-40

¡AVANZA! **Goal:** Listen to find out what the kids are doing and what they like to do.

1 Listen to David and take notes. Then, complete the sentences.

1. A David le gusta _____ .

2. David está contento porque _____ .

3. El pasillo está _____ .

4. Los amigos de David son _____ .

5. _____ tiene libros dentro de la mochila.

2 Listen to Fabián and take notes. Then, answer the questions in complete sentences.

1. ¿De qué cosas hablan los amigos de Fabián?

_____

_____

_____

2. ¿De qué están cansados los amigos de Fabián?

_____

_____

_____

_____

UNIDAD 2
Lección 2 · Escuchar C

Leer A

Level 1a, pp. 146–147

> | ¡AVANZA! | **Goal:** Read about a survey made to the students. |

Nombre	¿Cómo estás y por qué?
Sandra	Estoy ocupada porque tengo que estudiar ciencias. Es una clase muy interesante.
David	Estoy emocionado porque voy a la clase de música. Toco la guitarra todos los lunes.
Sarita	Estoy contenta porque siempre saco una buena nota en inglés.

¿Comprendiste?

Answer the following questions in complete sentences:

1. ¿Saca Sarita una mala nota en inglés?

_____

2. ¿Está ocupada Sandra? Explica.

_____

3. ¿Está David deprimido? Explica.

_____

¿Qué piensas?

Answer the following questions.

¿Cómo estás cuando vas a...

1. la clase de ciencias? _____

_____

_____

2. la clase de español? _____

_____

_____

3. la biblioteca? _____

_____

_____

UNIDAD 2
Lección 2

Leer A

Leer B

> **¡AVANZA!** **Goal:** Read a sign with the description of a lost backpack.

¿Dónde está mi mochila?

Dentro de mi mochila hay un cuaderno, una calculadora, lápices, papeles, una pluma y ¡mi examen de matemáticas!

Siempre tengo mi mochila. Voy a la cafetería, al gimnasio y al pasillo que está cerca de la biblioteca. Siempre tengo mi mochila pero ahora ¡no está!

Estoy nervioso: ¡Necesito el examen y está dentro de mi mochila!

—Miguel

¿Comprendiste?

Read Miguel's sign describing the lost backpack. Then, read each sentence below and answer **cierto** (true) or **falso** (false).

C F **1.** Dentro de la mochila hay un libro.

C F **2.** Miguel nunca tiene su mochila.

C F **3.** Miguel siempre va al pasillo cerca de la oficina.

C F **4.** Miguel no está tranquilo.

C F **5.** Miguel necesita el examen de matemáticas.

¿Qué piensas?

Answer the following question in a complete sentence.

¿Está Miguel nervioso? Explica.

_____

_____

_____

_____

_____

Leer C

> ¡AVANZA! **Goal:** Read an article from the schools newspaper.

¡Vamos a pasar un rato divertido!

¿Están aburridos?

Los chicos del club pasan un rato divertido con amigos.

Todos los viernes en la tarde, unos estudiantes van a la biblioteca y hablan de los libros. Van a la clase al lado de la oficina del director y hablan de ciencias. ¡Es muy interesante!

Muchos estudiantes van al gimnasio y practican deportes. ¡Es muy emocionante! Después, todos van a la cafetería, compran refrescos y escuchan música. ¡Es muy divertido!

¿Comprendiste?

Read the article above and then complete the sentences below.

1. El club es para los chicos que están _____

2. Todos los _____ , los chicos pasan un rato divertido.

3. Los chicos hablan de libros en la _____

4. Hablan de ciencias en la _____

5. Los chicos escuchan música en _____

¿Qué piensas?

Answer the following questions in complete sentences.

1. ¿Vas a un club después de las clases?¿Qué club?

   _____

2. ¿Es divertido hablar de ciencias?¿De libros?

   _____

   _____

Escribir A

> ¡AVANZA! **Goal:** Write about yourself and your school.

Step 1

Respond to the following survey by writing how you feel when certain things happen at school. Use the words from the box.

Cuando...	¿Cómo estás?
Sacas una mala nota	
Practicas mucho deporte	
Estás en la cafetería	

triste
cansado(a)
contento(a)

Step 2

Answer the following question about yourself in a complete sentence:

¿Cuándo estás nervioso?

_____

_____

_____

Step 3

Evaluate your writing using the information in the table.

Writing Criteria	Excellent	Good	Needs Work
Content	You have answered the question completely.	You have partially answered the question.	You have not answered the question.
Communication	Most of your response is clear.	Some of your response is clear.	Your response is not very clear.
Accuracy	You make few mistakes in grammar and vocabulary.	You make some mistakes in grammar and vocabulary.	You make many mistakes in grammar and vocabulary.

UNIDAD 2
Lección 2 · Escribir A

Escribir B

> **¡AVANZA!** **Goal:** Write about yourself and your school.

Step 1

Respond to the following survey by writing where things are at your school.

¿Dónde está...	Está...
el gimnasio?	
la biblioteca?	
la cafetería?	

Step 2

Write three complete sentences about the location of some things at your school. Use the words from the survey above.

_____

_____

_____

Step 3

Evaluate your writing using the information in the table.

Writing Criteria	Excellent	Good	Needs Work
Content	You have written three complete sentences.	You have written two complete sentences.	You have written only one complete sentence.
Communication	Most of your sentences are clear.	Some of your sentences are clear.	Your sentences are not very clear.
Accuracy	You make few mistakes in grammar and vocabulary.	You make some mistakes in grammar and vocabulary.	You make many mistakes in grammar and vocabulary.

Escribir C

> **¡AVANZA!** **Goal:** Write about you and your school.

Step 1

Respond to the following survey by writing how you feel when certain things happen at school.

Cuando...	¿Cómo estás?
pasas un rato con amigos	
estás en la clase de inglés	
estás en la clase de matemáticas	
estás en el gimnasio	
estás en la cafetería	

Step 2

Use four answers from the survey above to describe how you feel at school.

_____

_____

_____

_____

Step 3

Evaluate your writing using the information in the table below.

Writing Criteria	Excellent	Good	Needs Work
Content	You have included four sentences to describe how you feel.	You have included three sentences to describe how you feel.	You include two or fewer sentences to describe how you feel.
Communication	Most of your response is clear.	Some of your response is clear.	Your message is not very clear.
Accuracy	You make few mistakes in grammar and vocabulary.	You make some mistakes in grammar and vocabulary.	You make many mistakes in grammar and vocabulary.

UNIDAD 2
Lección 2 • Escribir C

Cultura A

Level 1a, pp. 146–147

> **¡AVANZA!** **Goal:** Review cultural information about Mexico.

1 **Mexican culture** Read the following statements and answer *true* or *false*.

    T   F   **1.** Frida Kahlo was influenced by indigenous culture.

    T   F   **2.** The Andrés Barbero Museum of Ethnography is in Mexico.

    T   F   **3.** San Andrés is the capital of Mexico.

    T   F   **4.** Tortillas and enchiladas are typical Mexican dishes.

2 **In Mexico and the Dominican Republic** Choose the correct word to complete the following sentences.

1. The Piedra del Sol was a (calendar / clock) that the Aztecs created.

2. (Forestry / Tourism) is an important industry in the Dominican Republic.

3. Two of the languages spoken in Mexico are Spanish and (Portuguese / Maya).

4. Mexico's currency is called the (peso / dollar).

5. The National Museum of (Mexico / Anthropology) contains artifacts from indigenous cultures of Mexico.

3 **Art** Write a brief paragraph describing Frida Kahlo. What kind of art did she create? Compare her painting *Autorretrato con collar* and her photograph found on page 137. Describe any similarities or differences you notice.

_____

_____

_____

_____

_____

_____

_____

UNIDAD 2 · Lección 2

Cultura A

Cultura B

Level 1a, pp. 146–147

¡AVANZA!	**Goal:** Review cultural information about Mexico.

1 **Mexico** Complete the following sentences with one of the multiple choice phrases.

1. The languages spoken in Mexico are _____

    a. Spanish, chibcha, and other indigenous languages   **b.** Spanish, maya, and other indigenous languages   **c.** Spanish, taíno, and other indigenous languages

2. Frida Kahlo was a Mexican artist; she painted many _____

    a. self-portraits   **b.** murals   **c.** landscapes

3. Frida Kahlo was influenced by _____ culture in her style of painting and style of dress.

    a. Caribbean   **b.** European   **c.** indigenous

2 **Sites in Mexico** Where in Mexico are the following places?

Place to Visit	Where Are They Located?
The Museo Nacional de Antropología	
Jardín Principal	
The pyramid of Kukulcán	

3 **In the Anthropology Museum** The **Piedra del Sol** is stored in the National Museum of Anthropology. Describe the **Piedra del Sol.** Which culture is it from and what was it used for? What does it look like? Also, describe the museum. What are some of the rooms found there? What other items might you expect to find in the museum?

_____

_____

_____

_____

_____

_____

_____

Cultura C

Level 1a, pp. 146–147

Copyright © by McDougal Littell, a division of Houghton Mifflin Company.

> **¡AVANZA!** **Goal:** Review cultural information about Mexico.

1 **In Mexico** Complete the following sentences with the correct word or phrase.

1. This museum has artifacts from various indigenous cultures in Mexico.

   _____

2. The currency of Mexico _____

3. A calendar created by the Aztecs _____

4. One of the languages, other than Spanish, spoken in Mexico _____

5. The capital of Mexico _____

2 **Art and Artifacts** Answer the following questions about Mexico.

1. How was Frida Kahlo influenced by indigenous culture?

   _____

2. What type of painting did Frida Kahlo often create? _____

   _____

3. How much does the Piedra del Sol weigh?

   _____

3 **Museums** Think of a museum you have visited or that you know about, and compare it to the National Museum of Anthropology. Write a paragraph that describes what kinds of objects are kept there. Where are they from? Who made them?

   _____

   _____

   _____

   _____

   _____

Comparación cultural: Horarios y clases   *Level 1a, pp. 148–149*

Lectura y escritura

After reading the paragraphs about how Rafael, Andrea, and Juan Carlos spend a typical day at school, write a paragraph about your daily schedule. Use the information on the clocks to write sentences, and then write a paragraph that describes your daily schedule.

Step 1

Complete the two clocks by listing your classes and after-school activities. Use arrows to point to the correct times.

modelo:

clase de ciencías

jugar al fútbol

clase de inglés

a.m.   p.m.   estudiar

a.m.   p.m.

Step 2

Now take the details from the two clocks and write a sentence for each of the activities you labeled on the clocks.

_____

_____

_____

_____

_____

_____

_____

UNIDAD 2 · Comparación
Lección 2   cultural

Comparación cultural: Horarios y clases

Lectura y escritura (continued)

Step 3

Now write your paragraph using the sentences you wrote as a guide. Include an introductory sentence and use: **tener, tener que, ir,** and **ir a** to write about your daily schedule.

_____

_____

_____

_____

_____

_____

_____

Checklist

Be sure that…

☐ all the details about your daily schedule from your clocks are included in the paragraph;

☐ you use details to describe, as clearly as possible, all your after school activities;

☐ you include new vocabulary words and **tener, tener que, ir** and **ir a.**

Rubric

Evaluate your writing using the rubric below.

Writing criteria	Excellent	Good	Needs Work
Content	Your paragraph includes many details about your daily schedule.	Your paragraph includes some details about your daily schedule.	Your paragraph includes few details about your daily schedule.
Communication	Most of your paragraph is organized and easy to follow.	Parts of your paragraph are organized and easy to follow.	Your paragraph is disorganized and hard to follow.
Accuracy	Your paragraph has few mistakes in grammar and vocabulary.	Your paragraph has some mistakes in grammar and vocabulary.	Your paragraph has many mistakes in grammar and vocabulary.

Comparación cultural: Horarios y clases

Compara con tu mundo

Now write a comparison about your daily schedule and that of one of the three students from page 149. Organize your comparison by listing morning and afternoon activities, and classes.

Step 1

Use the table to organize your comparison by times. Write details for each activity in your daily schedule and that of the student you chose.

MI HORARIO a.m.	EL HORARIO DE _____ a.m.
8:00	8:00
9:00	9:00
10:00	10:00
11:00	11:00
12:00	12:00
MI HORARIO p.m.	**EL HORARIO DE _____ p.m.**
1:00	1:00
2:00	2:00
3:00	3:00
4:00	4:00
5:00	5:00

Step 2

Now use the details from the table to write a comparison. Include an introductory sentence and write about each part of the schedules. Use **tener, tener que, ir, ir a** to describe your daily schedule and that of the student you chose.

_____

_____

_____

_____

_____

_____

_____

_____

UNIDAD 2 • Comparación
Lección 2   cultural

Vocabulario A

Level 1a, pp. 156–161

> **¡AVANZA!** **Goal:** Talk about foods and beverages.

1 Natalia likes to eat a healthy breakfast. Write an "X" next to each breakfast food from those listed below.

1. ____ el cereal
2. ____ los huevos
3. ____ la banana
4. ____ la hamburguesa
5. ____ la manzana

6. ____ el jugo de naranja
7. ____ la pizza
8. ____ el sándwich de jamón y queso
9. ____ los refrescos
10. ____ la sopa

2 Carlos is making lunch. Complete the following sentences with a word or expression from the box.

leche	compartir	tengo hambre	nutritivas

1. A Alfredo le gustan las comidas _____ .
2. A nosotros nos gusta beber _____ .
3. Es la hora del almuerzo. Yo _____ . Necesito comer.
4. Ella no tiene almuerzo. Tengo que _____ mi sándwich con una amiga.

3 What do you like to eat for dinner? Answer the following questions in complete sentences.

1. ¿Te gusta comer sopa en la cena?

_____

2. ¿Te gusta beber jugo de naranja?

_____

3. ¿Qué frutas te gusta comer?

_____

¡Avancemos! 1a
Cuaderno: Práctica por niveles

UNIDAD 3 · Vocabulario A
Lección 1

Unidad 3, Lección 1
Vocabulario A

101

Vocabulario B

> **¡AVANZA!** **Goal:** Talk about foods and beverages.

1 We all like to eat good, nutritious foods. From the choices below, choose the one that best completes each sentence.

1. Es importante comer comidas (horribles / nutritivas).

2. ¿Quién quiere beber un (jugo / pan)?

3. Todos los días Verónica tiene que (compartir / vender) su sándwich porque es muy grande.

4. Antes de ir a la escuela, Juan prepara cereal para (la cena / el desayuno).

5. El (yogur / refresco) es nutritivo.

2 Gustavo and Carla discuss their eating habits. Complete their conversation.

tengo ganas de	tengo sed	leche	jugo
cereal	nutritivas	horrible	

Gustavo: A mí me gusta comer 1. _____ en el desayuno.

Carla: A mí me gusta comer huevos en el desayuno. También me gusta beber

2. _____ . Es rica.

Gustavo: A mí no me gusta la leche. 3. Es _____ . Cuando

4. _____ me gusta más beber 5. _____

de naranja.

Carla: Todos los días como uvas porque son 6. _____ .

Gustavo: Ahora 7. _____ comer una hamburguesa. Siempre tengo

hambre a las doce.

3 ¿Qué te gusta comer? Answer the following questions in complete sentences.

1. ¿Qué te gusta comer en el desayuno?

_____

2. ¿Te gusta más comer el desayuno o el almuerzo? ¿Por qué?

_____

Vocabulario C

> **¡AVANZA!** **Goal:** Talk about foods and beverages.

1 Asking questions is a good way to get to know people. Complete the following questions using words from the box.

1. ¿ _____ te gusta más: una hamburguesa o un sándwich?
Me gusta más un sándwich.

2. ¿ _____ bebes jugo de naranja y no bebes un refresco?
Porque es más nutritivo.

3. ¿ _____ venden comidas nutritivas? Venden comidas
nutritivas en la cafetería.

4. ¿ A _____ les gustan los huevos? A mis amigos les
gustan.

dónde
quiénes
cuál
por qué

2 It's important to eat healthy foods. Choose a word from the vocabulary to complete each sentence:

1. En la cafetería de mi escuela _____ muchas comidas y bebidas.

2. No nos gusta beber _____ con el desayuno; nos gusta más beber leche.

3. Yo bebo jugo de naranja porque _____ .

4. ¿ _____ es más nutritivo: una banana o pan?

3 Look at the following drawing and write three sentences about it. Where is it? What meal is it? What foods are there?

_____

_____

_____

UNIDAD 3 • Vocabulario C
Lección 1

Gramática A *Gustar* with Nouns

> **¡AVANZA!** **Goal:** Ask questions and talk about which foods you like and don't like.

1 Everyone likes something different. Underline the verb that completes each sentence.

1. A Victoria (le gusta/ le gustan) la comida que prepara la mamá.

2. A nosotros (nos gustan / nos gusta) las papas fritas.

3. A Elena y a Sonia no (les gusta / les gustan) la sopa.

4. A ti no (te gusta / te gustan) el café.

5. A mí (me gusta / me gustan) las uvas.

2 What do the following people like? Write the correct form of the verb **gustar** in each sentence.

1. A mí _____ la cena que prepara Sebastián.

2. A Patricia _____ las hamburguesas, las papas fritas y los refrescos.

3. A nosotras _____ la comida nutritiva.

4. A ustedes _____ las manzanas y las uvas.

5. ¿A ti _____ mucho los huevos?

3 In complete sentences, answer the following questions.

modelo: A mí me gusta (me gustan)...

1. ¿Qué comidas te gustan más?

_____

2. ¿Qué comidas no te gustan?

_____

Gramática B *Gustar* with Nouns

Level 1a, pp. 162–167

> **¡AVANZA!** **Goal:** Ask questions and talk about which foods you like and don't like.

1 What do they like? Ask these people what they like using the words from the box.

los huevos	el café	el jugo de naranja
el yogur	la leche	las uvas

modelo: Ernesto: *¿Te gusta el yogur?* _____

1. Lucía y Augusto: _____

2. Señora Menchero: _____

3. Gregorio y Luz: _____

2 These students like cafeteria food. Complete the following paragraph with the appropriate form of the verb **gustar**.

A mis amigos **1.** _____ mucho la comida de la

cafetería. A Esmeralda **2.** _____ las papas fritas y los

refrescos. A Rodrigo **3.** _____ más la fruta.

A mí **4.** _____ los sándwiches y la leche. Pero a

todos nosotros **5.** _____ mucho el yogur. Y a ti, ¿qué

6. _____ ?

3 Answer the following questions about food. Use complete sentences.

1. ¿Qué te gusta en el almuerzo?

_____

_____

2. ¿Te gustan las comidas nutritivas? ¿Cuáles te gustan más?

_____

_____

UNIDAD 3 · Gramática B
Lección 1

Gramática C *Gustar* with Nouns

> **¡AVANZA!** **Goal:** Ask questions and talk about which foods you like and don't like.

1 We all like to eat different things. Complete each sentence with a form of **gustar**.

1. A Valeria _____ las frutas.

2. A Juanjo y a Bruno no _____ el café.

3. A Teresa y a mí _____ el yogur en el desayuno.

4. A nosotros _____ las comidas nutritivas.

5. A ti _____ los huevos en la cena.

2 What do these people like? Follow the model and write complete sentences.

modelo: Hernán / la fruta **A Hernán le gusta la fruta.**

1. Sandra / los refrescos

   _____

2. Carla y Octavio / los sándwiches

   _____

3. tú / el yogur en la cena

   _____

4. yo / más la leche

   _____

3 Write two complete sentences about two different friends of yours and what they like to eat for lunch in the school cafeteria. Then write one more sentence about what you like.

   _____

   _____

   _____

UNIDAD 3 Lección 1 · Gramática C

Gramática A *Present Tense of -er and -ir Verbs*

> **¡AVANZA!** **Goal:** Use the present tense to tell what people do.

1 Match each subject on the left with its appropriate ending on the right.

1. _____ Yo...   a. aprendemos mucho en las clases.

2. _____ Luis y Gustavo...   b. compartes el almuerzo con amigos.

3. _____ Tú...   c. bebe jugo de naranja.

4. _____ Carla...   d. como huevos en el desayuno.

5. _____ Natalia y yo...   e. leen un libro.

2 Complete each sentence with the correct form of the appropriate verb. Each verb will be used only once.

1. Tú siempre _____ agua después de correr.

2. Yo siempre _____ la tarea después de las clases.

3. La cafetería _____ unas hamburguesas muy ricas.

4. ¿Usted _____ correos electrónicos a sus amigos?

5. ¿ _____ un sándwich, tú y yo? Es muy grande para una persona.

| hacer |
| beber |
| escribir |
| compartir |
| vender |

3 What are these people doing? Use elements from each box to write three complete sentences.

nosotras	aprender	el almuerzo
usted	compartir	una carta
yo	escribir	el español

1. _____

2. _____

3. _____

UNIDAD 3
Lección 1

Gramática A

Gramática B *Present Tense of -er and -ir Verbs*

> **¡AVANZA!** **Goal:** Use the present tense to tell what people do.

1 Everyone does something different. Underline the correct form of the verb.

1. Anastasia (corre / corres) todas las mañanas.

2. Yo (comes / como) un sándwich en la cafetería.

3. Mis amigos (hacemos / hacen) mucha tarea.

4. Penélope y yo (leen / leemos) un libro en la biblioteca.

5. ¿(Bebes / Beben) tú leche en el desayuno?

2 Complete each sentence with the correct form of one of the following verbs: **beber, compartir, escribir,** or **vender**.

1. Nosotras _____ frutas muy ricas.

2. Roberto y Mario son amigos y siempre _____ el almuerzo.

3. Jacinto y yo _____ correos electrónicos todos los días.

4. ¿Por qué el señor López no _____ café?

3 Look at the drawings below and write what these people eat and drink for breakfast every day. Follow the model.

la señora Pérez

Manuela y Tomás

modelo: Todos los días, la señora Pérez come huevos, pan y yogur y bebe café en el desayuno.

1. _____

_____

UNIDAD 3 · Gramática B
Lección 1

Gramática C *Present Tense of **-er** and **-ir** Verbs*

> **¡AVANZA!** **Goal:** Use the present tense to tell what people do.

1 Complete each sentence with the correct form of the appropriate verb.

hacer	beber	comer
leer	compartir	

1. Todas las mañanas, la señora Mendoza _____ un café.

2. Mis amigas Lucía y Andrea _____ en la cafetería.

3. A las ocho de la noche, yo _____ la tarea para la clase de español.

4. ¿Cuál de estos libros _____ usted esta tarde?

5. Eduardo y yo _____ todo.

2 Write sentences to describe what these people are doing.

1. Julia / beber un refresco

   _____

2. María y yo / escribir en el pizarrón

   _____

3. tú / aprender el español

   _____

4. yo / hacer mucha tarea

   _____

3 You and your friends always buy lunch at the cafeteria. Write three complete sentences about what food and drink is in the cafeteria and what you and your friends eat and drink. Do you share anything?

_____

_____

_____

_____

UNIDAD 3
Lección 1 · Gramática C

Integración: Hablar

Level 1a, pp. 172–174
WB CD 02 track 01

There is very popular diner called "El Sándwich Divertido" near Alejandro's workplace, but it is always busy. He's very happy because he can now look at the menu online, and leave a phone message to order what he wants to have for lunch the next day, without waiting in line. Read the menu and listen to the phone message to find out what he likes to eat.

Fuente 1 Leer

Read the online menu for "El Sándwich Divertido."

El Sándwich Divertido

Menú de almuerzo

Comidas

Hamburguesa	$ 4.50
Sándwich de jamón y queso	$ 3.75
Papas fritas	$ 2.25
Sopa	$ 3.00

Bebidas

Refrescos	$ 0.75
Jugo de naranja	$ 0.60
Jugo de manzana	$ 0.70
Agua	$ 0.50

Fuente 2 Escuchar   *WB CD 02 track 02*

Then listen to Alejandro's voicemail message for "El Sándwich Divertido." Take notes.

_____

_____

Hablar

Based on the information given, what does Alejandro feel like having for lunch at "El Sándwich Divertido?"

modelo: Alejandro tiene ganas de... Porque no le gustan....También tiene ganas de...

Integración: Escribir

Level 1a, pp. 172–174
WB CD 02 track 03

Ramón plays in a soccer league. He logs onto an educational Web site called "Fútbol para Todos" and finds out that a soccer player must follow a nutritious, healthy diet like any other athlete. Ramón believes he doesn't have the kinds of food at home in order to have a healthy breakfast the next morning. However, his mom leaves a message for him saying it's not so. Read the ad and listen to the voicemail in order to write about what Ramón eats for breakfast.

Fuente 1 Leer

Read the ad on the soccer Web site.

> •• ▶ Comida que tienes que comer para jugar al fútbol.
>
> **¿Te gusta jugar al fútbol?** Muy bien, tienes que preparar un desayuno bueno. Tienes que comer yogur, cereal y beber mucho jugo de naranja, ¡no café! Necesitas beber jugo de naranja porque es nutritivo. También es bueno comer frutas en el desayuno. Tienes que comer manzanas. El desayuno es una comida muy importante en el día. Tienes que comer comida nutritiva para jugar al fútbol.

Fuente 2 Escuchar   *WB CD 02 track 04*

Listen to the voicemail message that Ramón's mother left on his answering machine. Take notes.

_____

_____

_____

_____

Escribir

Based on the information provided, what kinds of food and drinks should Ramón have for breakfast? What kinds of food and drinks should he avoid?

modelo: Ramón tiene que comer... No...y no es bueno...

_____

_____

_____

_____

_____

_____

Escuchar A

Level 1a, pp. 180–181
WB CD 02 tracks 05-06

> **¡AVANZA!** **Goal:** Listen to find out about what some people eat.

1 Listen to Carla and take notes. Then, read each sentence and answer **cierto** (*true*) or **falso** (*false*).

C F **1.** Elena bebe leche.

C F **2.** A Carla le gusta el jugo de fruta.

C F **3.** Carla y Elena siempre comen hamburguesas.

C F **4.** A Elena le gustan más los refrescos.

C F **5.** El desayuno de Elena es nutritivo.

2 Listen to Natalia and take notes. Then, complete the sentences below.

1. Natalia come en _____ hoy.

2. En la cafetería _____ sopa.

3. Natalia bebe _____ .

4. A Natalia le gustan _____ de la cafetería.

5. Amalia no come con Natalia y los otros amigos porque no le gusta la comida _____ .

UNIDAD 3 · Escuchar A
Lección 1

Unidad 3, Lección 1
Escuchar A

112

¡Avancemos! 1a
Cuaderno: Práctica por niveles

Escuchar B

| ¡AVANZA! | **Goal:** Listen to find out about what some people eat. |

1 Listen to Andrés and take notes. Then, complete the following sentences.

1. El papá de Andrés siempre prepara _____ para la familia.

2. El papá de Andrés come _____ todos los días.

3. A Andrés y al papá les gusta beber _____ .

4. La mamá de Andrés come _____ .

5. Andrés y la mamá comparten _____ .

2 Listen to Mrs. Márquez. Then, answer the questions below in complete sentences.

1. ¿A todos les gusta la comida de la señora Márquez?

_____

2. ¿A quiénes les gusta el jugo de naranja?

_____

3. ¿Quién come frutas y cereal?

_____

4. ¿Qué comparten Andrea y la señora Márquez?

_____

UNIDAD 3
Lección 1 • Escuchar B

Escuchar C

> **¡AVANZA!** **Goal:** Listen to find out about what some people eat.

1 Listen to Lucía talk about her food. Take notes. Then list the foods she likes and she does not like.

Le gustan   No le gustan

1. _____   6. _____
2. _____   7. _____
3. _____   8. _____
4. _____   9. _____
5. _____   10. _____

2 Listen to Santiago and take notes. Then, in complete sentences, answer the questions about what they like.

1. ¿Qué come Ana?

_____

2. ¿Qué le gusta a Santiago?

_____

3. ¿Qué comparten los dos amigos?

_____

UNIDAD 3 · Escuchar C
Lección 1

Unidad 3, Lección 1
Escuchar C

114

¡Avancemos! 1a
Cuaderno: Práctica por niveles

Leer A

> **¡AVANZA!** **Goal:** Read about what types of food people like.

The school cafeteria conducted a survey of what students like to eat and drink. Alfonsina and her friends listed the following.

¿Qué te gusta?

Nombre	¿Qué comes?	¿Qué bebes?
Alfonsina	hamburguesas y papas fritas	refrescos
Carla	yogur y frutas	jugos de frutas
Iván	papas fritas	refrescos
Santiago	sándwiches de jamón y papas fritas	leche

¿Comprendiste?

Answer the following questions in complete sentences.

1. ¿Qué bebidas le gustan a Alfonsina?

   _____

2. ¿Iván bebe bedidas nutritivas?

   _____

3. ¿Quién come comida nutritiva?

   _____

4. ¿Qué comida les gusta más a los estudiantes?

   _____

¿Qué piensas?

1. ¿Es bueno comer papas fritas todos los días?

   _____

   _____

2. ¿Qué te gusta comer?

   _____

Leer B

> **¡AVANZA!** **Goal:** Read about what types of food people like.

Nora is a school athlete who likes nutritious foods. She wrote this letter to the school newspaper about what she eats.

> Hola. Me llamo Nora. Ahora, contesto la pregunta de muchos chicos: ¿Qué comes tú? A mí me gusta la comida nutritiva. Es buena y rica. Nunca bebo café y nunca bebo refrescos porque no son buenos. Me gustan más la leche, el yogur y los jugos de frutas. Siempre como frutas, huevos, sopa y otras comidas nutritivas. No me gustan las papas fritas y no me gusta la pizza. Sí, son ricas, pero no son nutritivas.
>
> *Nora Ayala*

¿Comprendiste?

Read Nora's letter. Then complete the sentences below:

1. La pregunta de los chicos es: ¿ _____ ?

2. La comida nutritiva también _____ .

3. A Nora no le gusta beber _____ .

4. A Nora no le gusta comer _____ .

5. Las papas fritas y la pizza son ricas pero no son _____ .

¿Qué piensas?

1. ¿Qué comida nutritiva es rica?

   _____

2. ¿Te gustan comidas que no son nutritivas? ¿Cuáles?

   _____

   _____

UNIDAD 3 • Leer B
Lección 1

Unidad 3, Lección 1
Leer B

116

¡Avancemos! 1a
Cuaderno: Práctica por niveles

Leer C

¡AVANZA! **Goal:** Read about what types of food people like.

Carmen wrote the following e-mail message to her friend, Carla.

> Carla:
> Tengo que comer comida más nutritiva (leche, huevos, jugo de naranja). Pero me gustan más otras comidas. Me gustan mucho las papas fritas y los refrescos. Siempre como papas fritas y bebo refrescos en el almuerzo. ¡Las papas fritas son muy ricas! Tú tienes una lista de comidas nutritivas en el cuaderno, ¿no? ¿Compartes la lista?
> -Carmen

¿Comprendiste?

Read Carmen's e-mail message. Then, read each sentence and circle **C** for **cierto** (*true*) or **F** for **falso** (*false*).

C   F   **1.** A Carmen no le gusta la comida nutritiva.

C   F   **2.** Es bueno comer papas fritas.

C   F   **3.** Carmen siempre bebe leche.

C   F   **4.** A Carmen le gusta más el jugo de naranja.

C   F   **5.** Carla tiene en el cuaderno un menú de comidas nutritivas.

¿Qué piensas?

1. En tu opinión, ¿los chicos de hoy comen comida nutritiva?

_____

_____

2. ¿Por qué necesita vender frutas la cafetería?

_____

_____

Escribir A

Level 1a, pp. 180–181

> ¡AVANZA! **Goal:** Write about what you eat and drink.

Step 1

Your school cafeteria wants to know about your eating habits. Complete the following chart.

¿Qué te gusta comer?	¿Qué te gusta beber?
1.	1.
2.	2.
3.	3.

Step 2

Write two sentences about whether you like healthy food and why. Use the verbs **hacer** and **comer**.

_____

_____

Step 3

Evaluate your writing using the information in the table.

Writing Criteria	Excellent	Good	Needs Work
Content	You include two sentences about whether you like healthy food and why.	You include one sentence aobut whether you like healthy food and why.	You do not include sentences about whether you like healthy food and why.
Communication	Most of your writing is organized and easy to follow.	Some of your writing is organized and easy to follow.	Your writing is disorganized and hard to follow.
Accuracy	Your writing has few mistakes in grammar and vocabulary.	Your writing has some mistakes in grammar and vocabulary.	Your writing has many mistakes in grammar and vocabulary.

UNIDAD 3 · Escribir A
Lección 1

Unidad 3, Lección 1
Escribir A

118

¡Avancemos! 1a
Cuaderno: Práctica por niveles

Escribir B

> **¡AVANZA!** **Goal:** Write about what you eat and drink.

Step 1

What types of foods do you eat? Write your answers in the chart below.

Desayuno	Almuerzo
1.	1.
2.	2.
3.	3.
4.	4.

Step 2

Write three complete sentences about foods that you like to eat during the day, and when.

modelo: Me gusta el cereal porque es nutritivo. Como cereal y leche en el desayuno.

_____

_____

_____

Step 3

Evaluate your writing using the information in the table.

Writing Criteria	Excellent	Good	Needs Work
Content	You include three sentences about foods you like to eat and when.	You include two sentences about foods you like to eat and when.	You include one or fewer sentences about foods you like to eat and when.
Communication	Most of your paragraph is organized and easy to follow.	Parts of your paragraph are organized and easy to follow.	Your paragraph is disorganized and hard to follow.
Accuracy	You paragraph has few mistakes in grammar and vocabulary.	Your paragraph has some mistakes in grammar and vocabulary.	You paragraph has many mistakes in grammar and vocabulary.

UNIDAD 3
Lección 1 • Escribir B

Escribir C

> ¡AVANZA! **Goal:** Write about what you eat and drink.

Step 1

Answer the following survey about what nutritious foods and beverages also taste good.

Comidas nutritivas y ricas	Bebidas nutritivas y ricas
1.	1.
2.	2.
3.	3.
4.	4.

Step 2

Use the survey above to write five complete sentences about a nutritious meal you prepare at your house. State who likes what foods and beverages.

_____

_____

_____

_____

Step 3

Evaluate your writing using the information in the table.

Writing Criteria	Excellent	Good	Needs Work
Content	You include five sentences about a nutritious meal you prepare.	You include three to four sentences about a nutritious meal you prepare.	You include two or fewer sentences about a nutritious meal you prepare.
Communication	Most of your paragraph is organized and easy to follow.	Parts of your paragraph are organized and easy to follow.	Your paragraph is disorganized and hard to follow.
Accuracy	You paragraph has few mistakes in grammar and vocabulary.	Your paragraph has some mistakes in grammar and vocabulary.	You paragraph has many mistakes in grammar and vocabulary.

UNIDAD 3 · Escribir C
Lección 1

Unidad 3, Lección 1
Escribir C

120

¡Avancemos! 1a
Cuaderno: Práctica por niveles

Cultura A

> **¡AVANZA!** **Goal:** Review cultural information about Puerto Rico.

1 **Puerto Rico** Read the following statements about Puerto Rico and circle *true* or *false*.

  T   F   **1.** The capital of Puerto Rico is San José.

  T   F   **2.** Puerto Rico is an island.

  T   F   **3.** The currency of Puerto Rico is the U.S. dollar.

  T   F   **4.** *Pinchos* are a typical food from Puerto Rico.

2 **Puerto Rican culture** Complete the following sentences.

1. The **coquí** is a (butterfly / frog) found throughout the Parque Nacional El Yunque.

2. You can find colonial-style houses painted with bright colors in the district known as (Nuevo / Viejo) San Juan.

3. A popular site in the Parque Nacional El Yunque is the (Cascada / Calle) de la Coca.

4. (Tostones / Pupusas) are a common side dish in Puerto Rico.

5. A popular cold treat in Puerto Rico is a(n) (alcapurria / piragua).

3 **The Plaza de Colón** Describe the Plaza de Colón. Where is it located? What can people see and do there? How would you spend an afternoon at this plaza? Look at the painting *La Plaza Colón* by Manuel Hernández Acevedo on page 170 of your book to help generate ideas.

_____

_____

_____

_____

_____

_____

_____

UNIDAD 3
Lección 1 • Cultura A

Cultura B

> **¡AVANZA!** **Goal:** Review cultural information about Puerto Rico.

1 **Puerto Rico and El Salvador** Choose the multiple choice item that best completes each statement.

1. Miguel Hernández Acevedo is a Puerto Rican _____ .

   a. governor   **b.** painter   **c.** singer

2. A typical Salvadorean food is the _____ .

   a. pupusa   **b.** piragua   **c.** pincho

3. The capital of Puerto Rico is _____ .

   a. San José   **b.** San Jacinto   **c.** San Juan

4. The currency of Puerto Rico is the _____ .

   a. peso   **b.** dollar   **c.** bolívar

2 **In Puerto Rico** Complete the following sentences.

1. Puerto Ricans like to eat a food known as _____ , which are skewers of chicken or pork.

2. The _____ is a tree frog that is found in Puerto Rico.

3. One of the waterfalls in the Parque Nacional El Yunque is called the Cascada de la _____ .

4. You can find a statue of Christopher Columbus in _____ .

5. _____ is the colonial quarter of Puerto Rico's capital.

3 **Puerto Rican Cuisine** Create a menu for a Puerto Rican restaurant that serves traditional cooking, or *la cocina criolla*. Include an introduction sentence that describes the influences of *la cocina criolla* and brief descriptions of each dish, along with prices.

_____

_____

_____

_____

_____

Cultura C

| ¡AVANZA! | **Goal:** Review cultural information about Puerto Rico. |

1 **Activities in Puerto Rico** Write where you can do the following in Puerto Rico.

I can....	in/at
See waterfalls	
Eat *pinchos*	
See colonial-style houses	

2 **Puerto Rico** Answer the following questions about Puerto Rico.

1. What are the two official languages of Puerto Rico? _____
_____

2. What famous waterfall is in the Parque Nacional El Yunque? _____
_____

3. Where do Puerto Ricans like to spend time with their families? _____
_____

4. What is **la cocina criolla?** _____
_____

3 **Viejo San Juan** Puerto Rico has many beautiful places of interest. The island is known for its parks, colonial homes, waterfalls, and many other attractions. Write a paragraph about two places that you would most like to visit if you had the opportunity to go to Puerto Rico. Describe what you would do in each place and why you would like to visit it.

_____
_____
_____
_____
_____
_____

UNIDAD 3
Lección 1 • Cultura C

Vocabulario A

Level 1a, pp. 184–189

> ¡AVANZA! **Goal:** Talk about family.

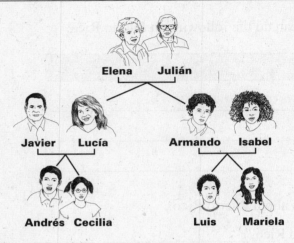

Elena   Julián

Javier   Lucía   Armando   Isabel

Andrés   Cecilia   Luis   Mariela

1 Look at Andrés' family tree. Then, read each sentence and circle **C** for **cierto** *(true)* or **F** for **falso** *(false)*.

C   F   **1.** Cecilia es la prima de Andrés.

C   F   **2.** Julián es el abuelo de Andrés y Luis.

C   F   **3.** Isabel es la tía de Mariela.

C   F   **4.** Javier es el tío de Luis.

C   F   **5.** Elena es la abuela de Cecilia y Mariela.

2 Look at the family tree above. Then, fill in each blank to complete the sentences.

1. Elena es _____ de Armando.

2. Luis es _____ de Mariela.

3. Cecilia es _____ de Andrés.

4. Mariela y Luis son _____ de Andrés y Cecilia.

3 Answer the following question in a complete sentence. Write all numbers in words. Follow the model.

modelo: Hoy es el doce de enero de dos mil siete.

1. ¿Cuál es la fecha de hoy?

_____

UNIDAD 3 • Vocabulario A
Lección 2

Copyright © by McDougal Littell, a division of Houghton Mifflin Company.

Vocabulario B

¡AVANZA! **Goal:** Talk about family.

---

1 Betania is talking about her family. Underline the word that best completes each sentence.

1. Mi padre es (el hijo / el hermano) de mi tía.

2. Mi tía es (la madre / la abuelo) de mi primo.

3. Mi prima es (la madrasta / la hija) de mi tía.

4. Mi abuelo es (el hermano / el padre) de mi tío.

2 Complete the following sentences with the family relationships.

1. El hermano de mi padre es mi _____.

2. Mis abuelos tienen dos hijas. La tía de mi prima es mi _____.

3. El padre de mi madre es mi _____.

4. La hija del hermano de mi padre es mi _____.

3 Answer the following questions in complete sentences. Write any numbers in words.

1. ¿Cuál es la fecha de hoy?

_____

2. ¿Tienes un gato o un perro?

_____

UNIDAD 3
Lección 2 • Vocabulario B

Vocabulario C

Level 1a, pp. 184–189

> ¡AVANZA! **Goal:** Talk about family.

1 Santiago is talking about his family. Fill in the correct answers.

Me llamo Santiago. Yo soy el hijo de Gloria Soriano. Mi

_____ se llama Victoria; ella también es la hija de

Gloria Soriano. El hermano de mi madre se llama Federico López. Él

es mi _____ . Mi tío tiene tres hijos. Ellos son mis

_____ .

2 Use the chart below to answer the questions about Jorge's family.

Persona	Cumpleaños	Años
	17/10	60
	25/2	15

1. ¿Cuándo es el cumpleaños de la madre de Jorge?

   _____

2. ¿Cuántos años tiene el primo de Jorge?

   _____

3 ¿Cuál es la fecha de nacimiento de estas personas? Write your answers in complete sentences. Write any numbers in words and use the information in parentheses.

1. **Cristóbal Colón (August 26, 1451):** _____

   _____

2. **Simón Bolívar (July 24, 1783):** _____

   _____

UNIDAD 3 • Vocabulario C
Lección 2

Unidad 3, Lección 2
Vocabulario C

126

¡Avancemos! 1a
Cuaderno: Práctica por niveles

Gramática A *Possessive adjectives*

> **¡AVANZA!** **Goal:** Use possessive adjectives to talk about family.

1 Alejandro talks about family. Underline the word that best completes each sentence.

1. Tengo tres hermanos. (Mis / Sus) hermanos se llaman Miguel, Luis y Pedro.

2. Los padres de Javier son jóvenes. (Sus / Su) madre tiene 35 años.

3. Mis hermanos y yo hablamos con los abuelos todos los domingos. (Sus / Nuestros) abuelos son muy buenos.

4. Tú vives con (tus / sus) padres.

5. A María y a Néstor les gustan los primos. (Su / Sus) prima mayor se llama Ariana.

2 Change the following possessive adjectives and their nouns from singular to plural.

modelo: mi hermano / **mis** hermano**s**

1. nuestro primo / _____

2. su tío / _____

3. mi amiga / _____

4. tu hermano mayor / _____

3 Look at the drawings. Then, write complete sentences.

  **1.**  **2.**

modelo: el hermano de Sandra: Su hermano practica deportes.

1. la prima de Julio: _____

2. los primos de Felipe: _____

UNIDAD 3 · Gramática A
Lección 2

Gramática B *Possessive adjectives*

> ¡AVANZA! **Goal:** Use possessive adjectives to talk about family.

1 Choose the word that best completes each sentence.

1. Los padres de Inés tienen tres hijos. _____ hijo mayor estudia arte.

   a. Sus   **b.** Su   **c.** Tus

2. Tú tienes una abuela muy joven. _____ dos abuelas son jóvenes.

   a. Tus   **b.** Tu   **c.** Sus

3. Mis hermanos y yo tenemos dos primos. _____ primos viven en Boston.

   a. Nuestro   **b.** Nuestras   **c.** Nuestros

4. Inés tiene una familia muy grande. _____ familia es de Miami.

   a. Tu   **b.** Sus   **c.** Su

2 Use possessive adjectives to write complete sentences about Miguel's family. Follow the model.

   modelo: tú / padres / ser / simpáticos: Tus padres son simpáticos.

1. yo / hermanos / ser / altos _____

2. usted / tías / vivir / lejos _____

3. nosotros / abuelo / llamarse / Julián _____

4. Andrés y Cecilia / hermana / tener / cinco años _____

3 Answer the following questions in complete sentences.

1. ¿Cuál es la fecha de nacimiento de tu padre?

_____

2. ¿Cuántos años tienes?

_____

4. ¿Cuál es tu fecha de nacimiento?

_____

_____

UNIDAD 3 • Gramática B
Lección 2

Gramática C *Possessive adjectives*

> ¡AVANZA! **Goal:** Use possessive adjectives to talk about family.

1 Julián describes his family. Complete the paragraph using possessive adjectives.

Las hijas de mi tía son **1.** _____ primas. Una

se llama Noemí y **2.** _____ hermanas se llaman

Rosario y Débora. **3.** _____ madres son hermanas.

4. _____ abuelo es joven. Él tiene cincuenta y cinco

años y **5.** _____ cumpleaños es el veinte de junio.

2 Describe your own family members or those of a family you know by answering the following questions.

1. ¿Quién es atlético(a)?

_____

2. ¿Quién prepara la cena?

_____

3. ¿Quiénes tienen catorce años o más?

_____

4. ¿Quién tiene un cumpleaños en junio, julio o agosto?

_____

5. ¿Quién es la persona menor en la familia? ¿Cuándo es su cumpleaños?

_____

_____

3 Write three complete sentences to describe your family or a family you know. Use **mi(s)**, **su(s)** and **nuestro(s)** or **nuestra(s)**.

1. _____

2. _____

3. _____

Gramática A *Comparatives*

Level 1a, pp. 196–199

¡AVANZA!	**Goal:** Make comparisons.

1 Draw a line from the word pair on the left to the appropriate comparison on the right.

1. aprender / enseñar   **a.** más grande que

2. una ventana / un lápiz   **b.** menos rico que

3. un café / una pizza   **c.** tan importante como

4. Rafael Tufiño / yo   **d.** más artístico que

2 Use the comparatives **más... que, menos... que, tan... como** and **tanto como** to complete the following sentences.

1. Luisa es _____ joven _____ su abuela.

2. Trabajar es _____ divertido _____ pasar un rato con los amigos.

3. Soy atlético; me gusta jugar al fútbol _____ _____ correr.

4. Beber leche es _____ nutritivo _____ comer yogur.

3 Answer the following question in a complete sentence.

1. ¿Te gusta la clase de matemáticas tanto como la clase de español? ¿Por qué?

_____

_____

_____

Gramática B *Comparatives*

¡AVANZA!	**Goal:** Make comparisons.

1 Read each sentence and fill in the blank with the correct answer from the choices given.

1. Roberta tiene trece años y su hermano tiene once años. Su hermano es _____ que ella.

   a. peor   **b.** mayor   **c.** menor

2. Roberta tiene tres hermanos mayores. Ellos tienen _____ que ella.

   a. más años   **b.** menos años   **c.** tantos años

3. Roberta tiene trece años. Enrique tiene veinte años y Sandra también tiene veinte años.

   Sandra es _____ de Roberta.

   a. la hermana mayor   **b.** la hermana menor   **c.** la madre

2 Use comparatives to complete the following sentences.

1. estudiar / aprender / tan importante como

_____

2. la clase de matemáticas / la clase de arte / tan interesante como

_____

3. preparar la cena / trabajar después de las clases / menos difícil que

_____

4. hablar por teléfono / mirar la televisión / tan interesante como

_____

3 Use a comparative expression to describe what these people like more. Follow the model.

modelo: A mi papá le gusta practicar deportes más que trabajar.

1. ¿Qué le gusta más a tu amigo: el yogur o la leche?

_____

2. ¿Qué le gustan más a tu amiga: los gatos o los perros?

_____

Gramática C *Comparatives*

¡AVANZA! **Goal:** Make comparisons.

1 Your teacher has asked you to compare activities and things in your life. Use a comparative expression with the word in parentheses to complete each sentence.

1. Mirar la televisión es _____ montar en bicicleta. (divertido)

2. La clase de ciencias es _____ la clase de matemáticas. (fácil)

3. El yogur es _____ un refresco. (rico)

4. Un refresco es _____ el yogur. (nutritivo)

2 Re-write these statements using a different comparative expression.

1. Estudiar es más importante que practicar deportes.

   _____

2. No preguntar es más inteligente que preguntar.

   _____

3. El desayuno es menos nutritivo que la cena.

   _____

4. Los gatos son tan malos como los perros.

   _____

3 Use comparative expressions to describe what your friends like more.

1. _____

   _____

2. _____

   _____

3. _____

   _____

UNIDAD 3 · Gramática C
Lección 2

Integración: Hablar

Juan is very happy. The new school year has begun and he has a Spanish teacher that is related to the recently elected president of the country. The whole school is interested in learning more about the Spanish teacher, so she writes about her family on the school Web site, and the principal talks about her over the loudspeaker on the first day of the school year. Read the Web article and listen to the announcement to find out how she is related to the president.

Fuente 1 Leer

Read the school newspaper article...

FAMILIA DEL PRESIDENTE

¡Hola! Me llamo María Cristina, soy la maestra de español. Me gusta enseñar el español en la escuela. Yo no soy la hija del presidente de nuestro país. Yo soy un año y ocho meses mayor que la hija del presidente. Pero ella y yo somos familia del presidente. El padre de ella es hijo del padre de mi padre. Sí, el presidente es hijo de mi abuelo.

Fuente 2 Escuchar *WB CD 02 track 12*

Listen to the principal's loudspeaker message on the first day of the school year. Take notes.

_____

_____

_____

_____

Hablar

What is the relationship between María Graciela and María Cristina? Explain.

modelo: María Graciela es... María Cristina es..., porque el presidente es...

UNIDAD 3 •
Lección 2
Integración:
Hablar

Integración: Escribir

Level 1a, pp. 200–202
WB CD 02 track 13

Today, Mr. Juan Márquez has become the oldest man in the country. Newspapers and radio shows are talking about him. Everyone wants to know more about him; how he spends his time, when he was born, who his family is, and more! Read the newspaper article and listen to the radio show to find out how old he is.

Fuente 1 Leer

Read the newspaper article about Juan Márquez, the oldest man in the country.

¡Feliz cumpleaños señor Márquez!

Su nombre es Juan Márquez. Es mayor que usted, es mayor que yo y mayor que todos en el país. Sí, ¡es de nuestro país! Su familia es muy grande y tiene hermanos, hermanas y primos. Pero todos tienen menos años que él. Hoy todos están emocionados, porque hoy es 23 de enero y es su cumpleaños. Ahora él es el hombre más viejo del país. ¡Feliz cumpleaños señor Márquez!

Fuente 2 Escuchar   WB CD 02 track 14

Listen to the radio talk show about señor Juan. Take notes.

_____

_____

_____

_____

Escribir

How old is Mr. Márquez? Explain your answer.

modelo: El señor Márquez tiene..., porque su fecha...Y hoy es...

_____

_____

_____

_____

_____

_____

_____

UNIDAD 3
Lección 2

Integración:
Escribir

Escuchar A

> ¡AVANZA! **Goal:** Listen to find out about family relationships.

1 Listen to Enrique and take notes. Then, match the names with the family relationship that each person has to Enrique.

1. Alicia y Jorge   **a.** primos

2. Norma   **b.** abuelos

3. Raúl y Julia   **c.** padres

4. Sofía   **d.** tía

5. Ernesto y Luisa   **e.** hermana

2 Listen to Sofía and take notes. Then, complete the sentences below.

1. Sofía es _____ que su hermano.

2. Sofía y su familia van a Puerto Rico en _____ .

3. A Sofía le gusta estar con _____ más que con sus amigos.

4. El primo _____ de Sofía es inteligente.

UNIDAD 3
Lección 2 • Escuchar A

Escuchar B

> ¡AVANZA! **Goal:** Listen to find out about family relationships.

1 Listen to Jimena and take notes. Then, indicate which family members Jimena has and doesn't have by putting the following words in the correct column.

abuelos	padre	hermanos	tía	primos
madre	madrastra	abuelas	hermana	primas

Tiene	**No tiene…**
_____	_____
_____	_____
_____	_____
_____	_____
_____	

2 Listen to Enrique and take notes. Then, answer the following questions.

1. ¿Cómo es Blanca?

_____

2. ¿Qué le gusta hacer a Blanca?

_____

3. ¿Qué hacen los primos con los abuelos?

_____

4. ¿Cómo es la comida de su abuela?

_____

Escuchar C

Level 1a, pp. 208–209
WB CD 02 tracks 19-20

> ¡AVANZA! **Goal:** Listen to find out about family relationships.

1 Listen to Mariano and take notes. Then explain how the following people are related to him by filling in the blank with the appropriate word.

1. Javier es su _____

2. Teresa es su _____

3. Diana es su _____

4. Carmen y Felipe son sus _____

5. Tomás es su _____

6. Anita es su _____

2 Listen to Lucía and take notes. Then answer the questions below in complete sentences.

1. ¿Por qué a Lucía le gusta pasar un rato con sus primos?

_____

2. ¿Es Lucía mayor que sus primos?

_____

3. ¿Es la hermana de Lucía mayor que sus primos?

_____

4. ¿Qué les gusta hacer a los primos de Lucía?

_____

_____

5. ¿Cómo es la hermana de Lucía?

_____

UNIDAD 3
Lección 2 • Escuchar C

Leer A

> **¡AVANZA!** **Goal:** Read about a family reunion.

The following is an invitation to a family reunion.

Reunión de la familia Serrano
¡Atención a todos los Serrano!

Nuestra reunión anual es el 29 de julio a las 5:00 en el Club campestre.
En la reunión hay más personas que antes... ¡porque en abril y mayo hay
dos nacimientos! Como siempre, en la reunión hay mucha comida y música.
Los abuelos Serrano, Irma y Juan, van a la reunión con sus 9 hijos. Y los
9 hijos llevan a todos sus hijos. ¡Son más de 40 chicos! Este año la reunión
es muy especial porque también es el día del cumpleaños de Juan.

Tíos, primos, hermanos, abuelos... ¡todos a la reunión!

¿Comprendiste?

Read the Serrano family invitation. Then, read each sentence and circle **C** for **cierto** (*true*)
or **F** for **falso** (*false*).

C   F   **1.** La reunión es el veintiséis de julio.

C   F   **2.** La familia Serrano es más grande que antes.

C   F   **3.** Irma es abuela de más de cuarenta chicos.

C   F   **4.** Juan no tiene hijos.

C   F   **5.** El veintinueve de julio es el cumpleaños de Juan.

¿Qué piensas?

¿Qué te gusta hacer con tus amigos(as)?

_____

Unidad 3, Lección 2
Leer A

138

¡Avancemos! 1a
Cuaderno: Práctica por niveles

UNIDAD 3
Lección 2

Leer A

Leer B

> ¡AVANZA! **Goal:** Read about family.

Paula wrote a letter to her friend Marisol, explaining why she can't go to her birthday.

Marisol:

No voy a tu cumpleaños porque tengo que estar con mis abuelos. Mis abuelos viven lejos en Puerto Rico, y llegan el día de tu cumpleaños, el primero de septiembre. Todos los años, llegan en diciembre, pero el mes de septiembre les gusta más que diciembre. Mis tíos y mis padres están muy emocionados porque llegan sus padres. También mis primos están contentos. Yo estoy tan contenta como ellos, pero también estoy triste porque no voy a tu cumpleaños. Salimos y bebemos un refresco el día después de tu cumpleaños... ¿Te gusta mi idea?

Tu amiga,

Paula

¿Comprendiste?

Read Paula's letter. Then, complete the following sentences.

1. Paula no va al cumpleaños porque tiene que estar con sus _____ .

2. Los tíos y los padres de Paula están muy emocionados porque llegan

   _____ padres.

3. Los primos de Paula están _____ contentos _____ ella.

4. Paula también está _____ porque no va al cumpleaños.

5. A los abuelos de Paula les gusta el mes de _____ menos que el mes

   de septiembre.

¿Qué piensas?

¿Te gusta pasar un rato con tu familia? ¿Por qué?

_____

_____

Leer C

Level 1a, pp. 208–209

¡AVANZA! **Goal:** Read about family.

Rubén and Emilio are both going to Puerto Rico. They talk about their families.

> Hola Emilio: Tengo que hablar con mis padres pero no hay problema.
> A mis padres les gusta descansar más que trabajar... ¡ Y en Puerto Rico,
> ellos descansan mucho! Pero, ¿cuándo vamos a Puerto Rico? Yo tengo
> ganas de ir en marzo, cuando hace frío en Nueva York. ¿Te gusta la idea?
> Rubén
>
> ----
> >Hola Rubén: ¿Cómo estás? ¿Cómo está tu familia? Tienes que hablar con
> >ellos sobre cuándo vamos a Puerto Rico. No escribo más ahora porque
> >mi madre y yo tenemos que preparar la cena: ¡una pizza de jamón! Me
> >gusta la pizza de mi madre más que la pizza de la cafetería.
> >Emilio

¿Comprendiste?

Read the e-mails. Then answer the following questions in complete sentences.

1. ¿Qué les gusta hacer a los padres de Rubén? ¿Qué hacen en Puerto Rico?

_____

_____

2. ¿Por qué no escribe más ahora Emilio?

_____

3. ¿Qué le gusta más a Emilio?

_____

4. ¿Cuándo tiene ganas de ir Rubén a Puerto Rico?

_____

¿Qué piensas?

1. ¿Es divertido ir a otro país con un amigo?

_____

2. ¿Te gusta ir a otro país con amigos más que con tu familia?

_____

Escribir A

> **¡AVANZA!** **Goal:** Write about family.

Step 1

Complete this chart using information about yourself and someone important in your life. Write out all dates in words.

Nombre	Fecha de nacimiento

Step 2

Use the information from the chart above to write two sentences about your birth date and the birth date of someone important in your life.

_____

_____

_____

Step 3

Evaluate your writing using the information in the table.

Writing Criteria	Excellent	Good	Needs Work
Content	Your have included two sentences about your birth date and the birth date of someone important to you.	Your have included one sentences about your birth date and the birth date of someone important to you.	Your have not included sentences about your birth date and the birth date of someone important to you.
Communication	Most of your response is organized and easy to follow.	Parts of your response are organized and easy to follow.	Your response is disorganized and hard to follow.
Accuracy	Your response has few mistakes in grammar and vocabulary.	Your response has some mistakes in grammar and vocabulary.	Your response has many mistakes in grammar and vocabulary.

UNIDAD 3
Lección 2 • Escribir A

Escribir B

> **¡AVANZA!** **Goal:** Write about family.

Step 1

Complete this chart. Write the dates in words.

Tu fecha de nacimiento	Fecha de nacimiento de una persona de tu familia	Fecha de nacimiento de tu amigo(a)

Step 2

Write four sentences about the dates above and why they are important to you.

_____

_____

_____

_____

Step 3

Evaluate your writing using the information in the table.

Writing Criteria	Excellent	Good	Needs Work
Content	Your paragraph describes why three dates are important to you.	Your paragraph describes why two dates are important to you.	Your paragraph describes why one date is important to you.
Communication	Most of your paragraph is organized and easy to follow.	Parts of your paragraph are organized and easy to follow.	Your paragraph is disorganized and hard to follow.
Accuracy	Your paragraph has few mistakes in grammar and vocabulary.	Your paragraph has some mistakes in grammar and vocabulary.	Your paragraph has many mistakes in grammar and vocabulary.

UNIDAD 3 • Escribir B
Lección 2

Unidad 3, Lección 2
Escribir B

142

¡Avancemos! 1a
Cuaderno: Práctica por niveles

Escribir C

¡AVANZA! **Goal:** Write about family.

Step 1

Complete the chart below. Write in the missing months. In the middle column, write the name and birthday of the family member or friend who has a birthday that month. Also write the relationship between that person and you. In the third column, write the year of birth in words.

Mes	Cumpleaños	Año de nacimiento

Step 2

Write about the chart above in six complete sentences. Include family relationships.

_____

_____

_____

_____

Step 3

Evaluate your writing using the information in the table.

Writing Criteria	Excellent	Good	Needs Work
Content	Your paragraph includes many details and new vocabulary.	Your paragraph includes some details and new vocabulary.	Your paragraph includes little information or new vocabulary.
Communication	Most of your paragraph is clear.	Some of your paragraph is clear.	Your paragraph is not clear.
Accuracy	Your paragraph has few mistakes in grammar and vocabulary.	Your paragraph has some mistakes in grammar and vocabulary.	Your paragraph has many mistakes in grammar and vocabulary.

UNIDAD 3
Lección 2 • Escribir C

Cultura A

Level 1a, pp. 208–209

> |AVANZA!| **Goal:** Review cultural information about Puerto Rico.

1 **Puerto Rico** Read the following statements about Puerto Rico and circle *true* or *false*.

T   F   **1.** The capital of Puerto Rico is San José.

T   F   **2.** **Sobremesa** is when families spend time together after a meal.

T   F   **3.** The currency of Puerto Rico is the U.S. dollar.

T   F   **4.** Puerto Rico is a commonwealth of the United States.

T   F   **5.** In Puerto Rico there are only two political parties.

T   F   **6.** Puerto Rican elections generally have a low voter turnout.

2 **Puerto Rico and Peru** Choose the correct word to complete the following sentences.

1. The fifteenth birthday celebration for young women in Puerto Rico is called (**fiesta** / **quinceañero**).

2. The artist who painted *Goyita* is (Picasso / Rafael Tufiño).

3. The painting *Goyita* is a portrait of the artist's (mother / grandmother).

4. Peruvian girls often have fourteen or fifteen (dances / maids of honor) at their fifteenth birthday celebration.

3 **Quinceañeras** Describe a **quinceañera.** Compare this celebration with the *Sweet Sixteen* celebration in the United States. How are they similar or different? What are some traditional activities for each?

_____

_____

_____

_____

_____

_____

_____

UNIDAD 3   •   Cultura A
Lección 2

Cultura B

> **¡AVANZA!** **Goal:** Review cultural information about Puerto Rico.

1 **About Puerto Rico** Choose the multiple choice item that best completes each statement.

1. During the elections in Puerto Rico a _____ is elected.

   a. governor   **b.** president   **c.** prime minister

2. The political party that wants Puerto Rico elected as the 51st state is _____

   a. Independista Puertorriqueño   **b.** **Popular Democrático**   **c.Nuevo Progresista**

3. Puerto Rico is a(n) _____

   a. peninsula   **b.** island   **c.** bay

2 **Celebrations and art** Answer the following questions about Puerto Rico and Peru in complete sentences.

1. Who does artist Rafael Tufiño represent in his painting *Goyita?*

   _____

2. How does Peruvian artist Fernando Sayán Polo's painting *Niña campesina sonriente* reflect his country? _____

   _____

3. What is a **quinceañera?** _____

   _____

4. What are three **quinceañera** traditions? _____

   _____

3 It is very important to Puerto Ricans to vote and participate in the elections. Briefly compare elections and political parties in Puerto Rico and in the United States, and explain why it is important to vote.

_____

_____

_____

_____

_____

_____

UNIDAD 3
Lección 2 • Cultura B

Cultura C

Level 1a, pp. 208–209

> **¡AVANZA!** **Goal:** Review cultural information about Puerto Rico.

1 **Political parties** In the chart below, briefly describe what each political party supports.

Name of political party	In favor of...
Popular Democrático	
Independentista Puertorriqueño	
Nuevo Progresista	

2 **Puerto Rico** Answer the following questions about Puerto Rico.

1. What are young women called when they have their fifteenth birthday?

   _____

2. Instead of having a fifteenth birthday celebration, which birthday do many Puerto Rican girls celebrate with a large party?

   _____

3. Who painted *Goyita* and who is represented in the painting?

   _____

3 **Plan a quinceañero** Write an invitation for a **quinceañero.** In your invitation, describe what will take place at the party. What kind of food will be served and what kind of music will be played? What kinds of traditional activities will be part of the celebration? Also include important details, such as when and where it will take place.

_____

_____

_____

_____

_____

_____

_____

_____

UNIDAD 3 • Cultura C
Lección 2

146 Unidad 3, Lección 2
Cultura C

¡Avancemos! 1a
Cuaderno: Práctica por niveles

Comparación cultural: ¿Qué comemos?

Level 1a, pp. 210–211

Lectura y escritura

After reading the paragraphs about how María Luisa, Silvia, and José enjoy a Sunday meal, write a paragraph about a typical Sunday meal. Use the information on your mind map to write sentences, and then write a paragraph that describes your typical Sunday meal.

Step 1

Complete the mind map describing as many details as possible about your Sunday meals.

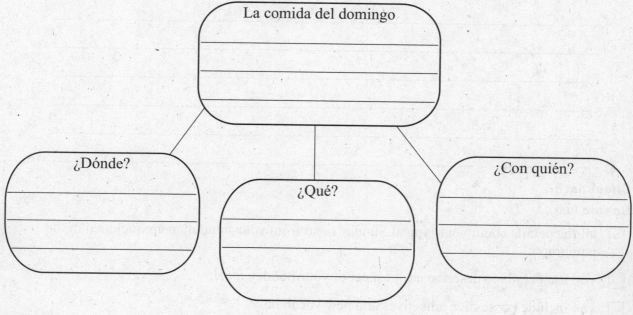

La comida del domingo

¿Dónde?

¿Qué?

¿Con quién?

Step 2

Now take the details from the mind map and write a sentence for each topic on the mind map.

_____

_____

_____

_____

_____

_____

_____

_____

_____

UNIDAD 3 · Comparación
Lección 2   cultural

Comparación cultural: ¿Qué comemos?

Level 1a, pp. 210–211

Lectura y escritura (continued)

Step 3

Now write your paragraph using the sentences you wrote as a guide. Include an introduction sentence and use possessive adjectives such as **mi, mis, su, sus** to write about your typical Sunday meal.

_____

_____

_____

_____

_____

_____

Checklist

Be sure that…

☐ all the details about your typical Sunday meal from your mind map are included in the paragraph;

☐ you use details to describe each aspect of your Sunday meal;

☐ you include possessive adjectives and new vocabulary.

Rubric

Evaluate your writing using the rubric below.

Writing criteria	Excellent	Good	Needs Work
Content	Your paragraph includes many details about your typical Sunday meal.	Your paragraph includes some details about your typical Sunday meal.	Your paragraph includes few details about your typical Sunday meal.
Communication	Most of your paragraph is organized and easy to follow.	Parts of your paragraph are organized and easy to follow.	Your paragraph is disorganized and hard to follow.
Accuracy	Your paragraph has few mistakes in grammar and vocabulary.	Your paragraph has some mistakes in grammar and vocabulary.	Your paragraph has many mistakes in grammar and vocabulary.

UNIDAD 3 • Comparación Lección 2 cultural

Comparación cultural: ¿Qué comemos?

Level 1a, pp. 210–211

Compara con tu mundo

Now write a comparison about your typical Sunday meal and that of one of the students on page 211. Organize your comparison by topics. First, compare the place where you have your Sunday meal, then the food you eat, and lastly with whom you eat.

Step 1

Use the table to organize your comparison by topics. Write details for each topic about your typical Sunday meal and that of the student you chose.

Categorías	Mi almuerzo/cena	El almuerzo/cena de _____
¿Dónde?		
¿Qué?		
¿Con quién?		

Step 2

Now use the details from the table to write a comparison. Include an introduction sentence and write about each category. Use possessive adjectives such as **mi, mis, su, sus** to describe your typical Sunday meal and that of the student you chose.

_____

_____

_____

_____

_____

_____

_____

_____

UNIDAD 3 • Comparación
Lección 2   cultural

Vocabulario A

> ¡AVANZA! **Goal:** Talk about clothes.

1 You need to get dressed. Place an "x" next to those items that go on the upper part of your body.

____ la chaqueta	____ los zapatos
____ los pantalones	____ los jeans
____ la blusa	____ la camiseta
____ el sombrero	____ la camisa
____ los calcetines	____ los pantalones cortos

2 There are many things in the store in a variety of colors. Choose the correct word in parentheses to complete the following sentences.

1. A mí me gustan las camisas (rojas / azul) como una manzana.

2. El vestido es tan (negro / blanco) como la leche.

3. Esa camisa es del color de una banana. Es (amarilla / negro).

4. Muchas veces los jeans son (azules / anaranjados).

5. En Estados Unidos el dólar es (verde / marrón).

3 Answer the following question in a complete sentence.

1. ¿Qué estación te gusta más?

_____

_____

2. ¿Qué ropa te gusta comprar en el verano?

_____

_____

3. ¿Qué ropa te gusta comprar en el otoño?

_____

_____

¡Avancemos! 1a
Cuaderno: Práctica por niveles

Unidad 4, Lección 1
Vocabulario A **151**

UNIDAD 4
Lección 1 • Vocabulario A

Vocabulario B

¡AVANZA!	**Goal:** Talk about clothes.

1 **¿Tienes frío o tienes calor?** In the left column, write three cold weather clothing items. In the right column, write three warm weather clothing items. Use the words from the box.

Frío	Calor
_____	_____
_____	_____
_____	_____

los pantalones
  cortos
la chaqueta
la blusa
los calcetines
el vestido
el gorro

2 Norma and Laura tend to be opposites. Complete the sentences below.

1. A Norma le gusta la primavera pero a Laura le gusta _____ .

2. A Laura le gusta una camisa blanca pero a Norma le gusta más una

camisa _____ .

3. Cuando Norma tiene calor Laura _____ .

4. A Laura le gusta la ropa vieja pero a Norma le gusta la ropa _____ .

3 Answer the following questions about your life in complete sentences.

1. ¿Te gusta ir de compras?

_____

2. ¿Cuál es la tienda que más te gusta?

_____

3. ¿Qué ropa te gusta comprar?

_____

4. ¿Cuánto cuestan los pantalones?

_____

UNIDAD 4 • Vocabulario B
Lección 1

Unidad 4, Lección 1
Vocabulario B

152

¡Avancemos! 1a
Cuaderno: Práctica por niveles

Vocabulario C

> **¡AVANZA!** **Goal:** Talk about clothes.

1 Fill in the blank with the appropriate color word.

1. La banana es _____.

2. Los jeans son _____.

3. Mi tío es muy viejo. Tiene el cabello _____.

4. A mí me gustan las manzanas _____.

5. Cuando está muy oscuro, todo es de color _____.

2 **¿Vamos de compras?** Write the answer to the following questions.

1. ¿Adónde te gusta ir de compras?

_____

2. ¿Con qué tipo de dinero tienes que pagar en Estados Unidos?

_____

3. ¿Con qué tipo de dinero tienes que pagar en Europa?

_____

4. ¿Por qué llevamos gorros y chaquetas en invierno?

_____

3 Write three sentences describing what clothes you like to wear from head to toe in spring. Make sure to include the colors of the items you describe and where you buy them.

_____

_____

_____

Gramática A   Stem-Changing Verbs: e→ie

> **¡AVANZA!**   **Goal:** Use stem-changing verbs to talk about shopping.

1 Underline the verb in parentheses that completes each sentence.

1. Jimena tiene suerte. Siempre compra la ropa que (prefieres / prefiere).

2. Yo no (entiendo / entiendes) qué quieres.

3. Santiago (pierden / pierde) su sombrero.

4. En el otoño Luis y Rosana (compramos / compran) la ropa de invierno.

5. La tienda de ropa (cierra / cierran) a las 8:00 p.m.

2 Complete the sentences using the verbs in parentheses.

1. Nosotros no _____ pantalones negros. (querer)

2. Paula _____ en qué cosas puede comprar para el cumpleaños de

   Juan. (pensar)

3. Alejandro y Noemí _____ bien las clases de matemáticas. (entender)

4. Irma, ¿ _____ (tú) ir a comprar una blusa roja? (querer)

5. Todas las mañanas, Jaime _____ su día contento. (empezar)

3 In a complete sentence, explain what you want to buy for a friend's birthday at your favorite clothing store.

modelo: Yo quiero comprar unos pantalones amarillos y una camiseta azul para
   el cumpleaños de Marisol.

_____

_____

_____

_____

UNIDAD 4 • Gramática A
Lección 1

Gramática B *Stem-Changing Verbs: e→ie*

¡AVANZA! **Goal:** Use stem-changing verbs to talk about shopping.

1 Lucía and her friends go shopping. Choose the verb that completes each sentence.

1. Lucía, ¿ _____ ir a comprar unos pantalones para tu cumpleaños?

   a. quieres   **b.** quiere   **c.** quiero   **d.** queremos

2. Sergio y Eduardo _____ que no necesitan un gorro en invierno.

   a. piensas   **b.** piensa   **c.** pienso   **d.** piensan

3. Ana y yo _____ las preguntas de la señora.

   a. entiendo   **b.** entiendes   **c.** entendemos   **d.** entiende

4. Cuando voy de compras con él, Juan siempre _____ el dinero.

   a. pierden   **b.** pierde   **c.** pierdes   **d.** perdemos

5. Javier y tú _____ temprano la tienda.

   a. cierro   **b.** cierras   **c.** cierra   **d.** cerráis

2 **¿Qué hacen?** Write complete sentences using the elements below.

1. entender el español / nosotras

_____

2. no querer sombreros amarillos / Ramón y Antonio

_____

3. preferir la primavera / vosotras

_____

4. ¿hacer / tú / qué / querer?

_____

3 Write two sentences describing what you wear in winter and why.

_____

_____

_____

¡Avancemos! 1a
Cuaderno: Práctica por niveles

UNIDAD 4 · Gramática B
Lección 1

Unidad 4, Lección 1
Gramática B **155**

Gramática C *Stem-Changing Verbs: e→ie*

Level 1a, pp. 224–229

> **¡AVANZA!** **Goal:** Use stem-changing verbs to talk about shopping.

1 María and her friend Lucas like to shop. Complete the text below with the correct verb form.

Mi amigo Lucas y yo siempre **1.** _____ ir de compras.

Él compra ropa de invierno en verano. El señor de la tienda nunca

2. _____ por qué necesita una chaqueta en julio.

Muchas veces la tienda **3.** _____ y nosotros no

compramos nada.

querer
cerrar
entender

2 Complete the following sentences by conjugating the correct verb from the pair in parentheses.

1. Laura y Ana nunca _____ sus sombreros. (empezar / perder)

2. Camila y Julia _____ las camisas rojas. (cerrar / preferir)

3. En España, el invierno _____ en diciembre. (entender / empezar)

4. Nosotros no _____ a las personas que llevan pantalones cortos en

invierno. (entender / tener)

5. Pablo _____ su chaqueta cuando tiene frío. (pensar / cerrar)

3 Write three complete sentences about why you go to the mall. What do you want to buy when you go there? Use the following verbs: **querer**, **preferir** and **pensar**.

_____

_____

_____

_____

Gramática A *Direct Object Pronouns*

> **¡AVANZA!** **Goal:** Use direct object pronouns to talk about clothes.

1 Everyone likes new clothes. Write the direct object pronoun for each sentence.

1. Me gusta esa blusa. Quiero comprar _____ .

2. Jorge tiene unos zapatos muy bonitos. Él _____ compra en la tienda.

3. Mi hermana prefiere un sombrero grande. No quiere perder _____ .

4. ¿Prefieres los pantalones negros? _____ compro para tu cumpleaños.

2 We all love shopping! Re-write the following sentences, replacing the direct object with the direct object pronouns.

1. Quiero la blusa verde.

   _____

2. Prefieren los zapatos marrones.

   _____

3. Las personas del centro comercial entienden a nosotros.

   _____

4. Queremos comprar la chaqueta.

   _____

3 Write what the following people want or prefer. Replace the words in parentheses with a direct object pronoun.

   modelo: (Una camisa azul) / yo / querer: **Yo la quiero.**

1. (Dos chaquetas negras) / las chicas / preferir:

   _____

2. (Tres pantalones cortos) / Manuel / querer:

   _____

3. (El sombrero grande) / nosotros / querer:

   _____

UNIDAD 4
Lección 1 • Gramática A

Gramática B *Direct Object Pronouns*

> **¡AVANZA!** **Goal:** Use direct object pronouns to talk about clothes.

1 Underline the correct direct object pronoun for each sentence.

1. Tengo una blusa azul. ¿(La / Lo) necesitas?
2. Tengo un sombrero blanco. ¿Vosotros (lo / te) queréis?
3. Tenemos que hablar. ¿Prefieres llamar(te / me) por teléfono?
4. Necesito una camiseta verde. La tienda (nos / la) vende.
5. Mi prima y yo tenemos muchos vestidos. Siempre (los / nos) compartimos.

2 Write a complete sentence using the elements below and replacing the words in parentheses with a direct object pronoun.

modelo: Mabel / hablar (yo) Mabel me habla.

1. Jorge y Ernesto / quieren cerrar (su tienda) temprano

_____

_____

2. Sonia y yo / nunca perder (el dinero) en la tienda

_____

3. yo / no entender (tú)

_____

4. tú / hablar del invierno en España (nosotros)

_____

3 Write complete sentences using a direct object pronoun.

modelo: ¿Necesitas una camisa para la fiesta? Sí, (No, no) la necesito para la fiesta.

1. ¿Necesitas unos calcetines para el invierno?

_____

2. ¿Necésitas las camisetas anaranjadas para la escuela?

_____

3. ¿Necesitas el vestido para la escuela?

_____

Unidad 4, Lección 1
Gramática B
158
¡Avancemos! 1a
Cuaderno: Práctica por niveles
UNIDAD 4 • Gramática B
Lección 1

Gramática C *Direct Object Pronouns*

> **¡AVANZA!** **Goal:** Use direct object pronouns to talk about clothes.

1 Mariela and Sebastián are shopping. Write the correct direct object pronoun.

Mariela:	Hola, Sebastián. ¡Qué camisa más linda!, ¿ _____ compras?
Sebastián:	Hola, Mariela. Sí, _____ compro y también los pantalones. ¿Te gustan?
Mariela:	Sí, me gustan. _____ venden por cuarenta euros.
Sebastián:	Yo prefiero el vestido negro.
Mariela:	¿Un vestido negro? Ya _____ tengo, pero quiero los pantalones.
Sebastián:	Pero tienes que comprar _____ ahora. La tienda cierra en diez minutos. ¿Me entiendes?
Mariela:	Sí, _____ entiendo. ¡Vamos!

2 **Vamos de compras**. Write the correct direct object pronoun.

1. Necesito ropa nueva. _____ compro hoy.

2. ¿Dónde están mis zapatos? Siempre _____ pierdo.

3. Tú no debes comprar el sombrero. Prefiero comprar_____ yo.

4. Las chaquetas son bonitas. _____ venden en el centro comercial.

5. Siempre _____ entiendo pero tú nunca me entiendes.

3 We all have new clothes. Write sentences using the elements below. Replace the direct objects with the correct direct object pronoun.

1. Aníbal / preferir (unas camisas de color rojo)

_____

2. Julieta y Emma / comprar (unos vestidos)

_____

3. Yo / entender (la clase de ciencias)

_____

4. Tú / tener que llamar (a nosotros) mañana

_____

_____

¡Avancemos! 1a
Cuaderno: Práctica por niveles

Unidad 4, Lección 1
Gramática C **159**

UNIDAD 4
Lección 1 • Gramática C

Integración: Hablar

Level 1a, pp. 234–236
WB CD 2 track 21

Winter isn't over yet but many stores already have great sales on winter clothes. Carmen sees an ad in the newspaper and is somewhat interested. But then she listens to a radio commercial for the same store and decides to go right away to get a special offer.

Fuente 1 Leer

Read the newspaper ad from "Señor Invierno".

Señor Invierno

¡Es invierno! ¿Tienes toda la ropa que necesitas para no tener frío?

Tienes que ver cuántas cosas tenemos para la estación más fría del año.

¡Señor Invierno tiene de todo!

Chaquetas negras o marrones: $ 65

Calcetines de invierno, todos los colores: $ 5

Gorros muy divertidos, muchos colores: $ 12

Jeans azules o negros: $ 35

Estamos en el centro comercial «Las Estaciones».

Fuente 2 Escuchar   *WB CD 02 track 22*

Listen to the radio ad that Carmen listened to. Take notes.

_____

_____

_____

_____

Hablar

It is eight o'clock and Carmen is rushing to the store to take advantage of a special offer. What does she have to buy at "Señor Invierno" to get a free black blouse?

modelo: En la tienda de ropa, Carmen tiene que...

UNIDAD 4 · Lección 1   **Integración: Hablar**

Unidad 4, Lección 1
Integración: Hablar

160

¡Avancemos! 1a
Cuaderno: Práctica por niveles

Integración: Escribir

Level 1a, pp. 234–236
WB CD 2 track 23

Ramón sends an e-mail to the school principal to let him know what kind of clothing students prefer to wear during the summer. The principal is happy to know about students' concerns, so he decides to address them the next day in the morning through the school's loudspeakers.

Fuente 1 Leer

Read Ramón's e-mail to the school principal.

> De: Ramón   A: Director de la Escuela Latina
>
> Tema: Señor Director, ¡tenemos calor!
>
> ¡Hola, Señor Director!
>
> Soy Ramón, un estudiante de la Escuela Latina. Es julio. Hace calor y los estudiantes quieren llevar ropa de verano. Señor Director, todos tenemos que llevar los pantalones, el gorro, la camisa y la chaqueta de la escuela. Pero, ¡por favor!, hace mucho calor. Queremos llevar camisetas y pantalones cortos, porque es verano y tenemos calor.
>
> ¡Muchas gracias!
>
> Ramón

Fuente 2 Escuchar   *WB CD 02 track 24*

Listen to the principal talking to students. Take notes.

_____

_____

_____

_____

Escribir

What items do students have to wear now for the summer at Escuela Latina? Explain why.

modelo: Los estudiantes tienen que...Pero no tienen que...

_____

_____

_____

_____

_____

UNIDAD 4
Lección 1
•
Integración:
Escribir

Escuchar A

> **¡AVANZA!** **Goal:** Listen to people talk about clothes.

1 Listen to the conversation between Fernanda and her mother, Carmen. Take notes. Then underline the word that completes each sentence below.

1. Los sombreros cuestan (quince euros / quince dólares).

2. Cuando empieza el verano, los chicos necesitan sombreros (grandes / nuevos).

3. El sombrero de Fernanda es (blanco / negro).

4. Carmen quiere un sombrero (rojo / blanco).

5. Fernanda prefiere comprar un sombrero (rojo / amarillo).

6. La tienda cierra (tarde / los martes).

2 Now listen to Bárbara. Then, complete the following sentences with the words in the box.

comprarla	ropa	chaquetas	la cierran

1. Bárbara tiene que llegar en cinco minutos a la tienda, porque _____

   temprano.

2. Bárbara necesita _____ nueva de invierno.

3. Bárbara quiere comprar _____ , gorros y zapatos.

4. Bárbara quiere ropa de invierno. Ella prefiere _____ en otoño.

UNIDAD 4 · **Lección 1** · Escuchar A

Unidad 4, Lección 1
Escuchar A

162

¡Avancemos! 1a
Cuaderno: Práctica por niveles

Escuchar B

Level 1a, pp. 242–243
WB CD 2 tracks 27–28

> ¡AVANZA! **Goal:** Listen to people talk about clothes.

1 Listen to Agustina. Then, draw a line from the people on the left to what they do.

1. Alejandra, Beatriz y Agustina

2. Alejandra

3. Las amigas de Beatriz

4. Agustina

5. Beatriz

a. compra la ropa de invierno en otoño.

b. no entienden a Beatriz.

c. compra la ropa de invierno en invierno.

d. quieren comprar todo en la tienda.

e. va siempre al centro comercial.

2 Listen to Carina. Then, complete the sentences below:

1. _____ de la amiga de Carina quiere ir de compras.

2. Su amiga _____ que su hermano es un buen amigo.

3. Carina no quiere ir de compras en _____ porque tiene frío.

4. Carina prefiere _____ con ellos mañana.

Escuchar C

Level 1a, pp. 242–243
WB CD 2 tracks 29–30

> ¡AVANZA! **Goal:** Listen to people talk about clothes.

1 Listen to Emilio. Then, read each sentence and fill in the blanks with the correct season.

1. La familia de Emilio prefiere el _____ .

2. En _____ hacen menos cosas.

3. En _____ , montan en bicicleta y pasean.

4. La ropa de _____ es fea.

5. Los colores de _____ no son feos.

2 Listen to Alicia and take notes. Then answer the following questions with complete sentences:

1. ¿Qué hace Alicia?

_____

2. ¿Por qué trabajan mucho?

_____

3. ¿Qué venden cuando empieza una estación?

_____

4. ¿Por qué venden muchos sombreros ahora?

_____

5. ¿Cómo prefieren los sombreros los chicos?

_____

Leer A

¡AVANZA! **Goal:** Read about the seasons.

Hola, soy Julieta. Tengo quince años y vivo en España. Llevo una chaqueta y un gorro porque tengo mucho frío. Ahora es invierno y en invierno nunca tengo calor. A mí me gusta más el verano. Hago más actividades en verano y la ropa de verano es muy bonita. Prefiero llevar vestidos de verano y pantalones cortos.

¿Quieres escribirme? ¡Quiero ser tu amiga!

Besos,

Julieta

¿Comprendiste?

Read Julieta's letter. Then, read each sentence and answer **cierto** *(true)* or **falso** *(false)*.

C F **1.** Julieta prefiere el verano.

C F **2.** Julieta tiene un gorro porque le gusta.

C F **3.** En invierno, Julieta no tiene calor.

C F **4.** Las chaquetas son para el verano.

C F **5.** La ropa de verano es más bonita.

¿Qué piensas?

¿Prefieres la ropa de invierno, o la ropa de verano? ¿Por qué?

_____

_____

_____

Leer B

¡AVANZA! **Goal:** Read about the seasons.

¿Comprendiste?

Read the store's ad. Then, answer the following questions in complete sentences:

1. ¿Qué ropa venden en la tienda?

_____

2. ¿Cuánto cuestan las chaquetas?

_____

3. ¿Por qué la tienda no tiene pantalones cortos?

_____

¿Qué piensas?

¿Prefieres ir de compras con un amigo? ¿Por qué?

_____

_____

UNIDAD 4
Lección 1 • Leer B

Leer C

> **¡AVANZA!** **Goal:** Read about the seasons.

These students answered a survey about what their favorite season is and why.

Nombre	¿Qué estación te gusta más?	¿Por qué?
Javier	El invierno	Porque me gusta la ropa de invierno.
Martín	El verano	Porque prefiero tener calor que tener frío.
Yolanda	La primavera	Porque no tengo frío y no hace mucho calor.
Laura	La primavera	Porque me gusta llevar mi vestido amarillo.

¿Comprendiste?

Read the students' answers. Complete the questions. Then, answer the questions in complete sentences.

1. ¿Por qué prefiere Javier el invierno?

   _____

2. ¿A Martín le gusta tener frío?

   _____

3. ¿Qué piensan Laura y Yolanda?

   _____

4. ¿Cuándo lleva Laura su vestido amarillo?

   _____

¿Qué piensas?

¿Qué estación te gusta más? ¿Por qué?

_____

_____

¡Avancemos! 1a
Cuaderno: Práctica por niveles

UNIDAD 4
Lección 1

Leer C

Unidad 4, Lección 1
Leer C **167**

Escribir A

> **¡AVANZA!** **Goal:** Write about clothes.

Step 1

Look at the drawings. Then make a list of which items you prefer to wear in the winter.

1.  2.  3.  4.

_____

_____

_____

Step 2

Use the list above to write two sentences about the kinds of clothes you like to wear during the summer and during the winter.

_____

_____

_____

Step 3

Evaluate your writing using the information in the table below.

Writing Criteria	Excellent	Good	Needs Work
Content	You included two sentences to tell about the kinds of clothes you like to wear.	You included one sentence to tell about the kinds of clothes you like to wear.	You did not include any complete sentences to tell about the clothes you like to wear.
Communication	Most of your response is clear.	Some of your response is clear.	Your message is not very clear.
Accuracy	You make few mistakes in grammar and vocabulary.	You make some mistakes in grammar and vocabulary.	You make many mistakes in grammar and vocabulary.

Escribir B

¡AVANZA! **Goal:** Write about clothes.

Step 1

Write a list of which clothes above you and your friends prefer wearing.

En invierno, yo

_____

_____

En verano, mis amigos

_____

_____

Step 2

In four complete sentences, say what season it is and describe what you are wearing today.

_____

_____

Step 3

Evaluate your writing using the information in the table below.

Writing Criteria	Excellent	Good	Needs Work
Content	You have included four sentences about the clothes you are wearing.	You have included two to three sentences about the clothes you are wearing.	You have included one or fewer sentences about the clothes you are wearing.
Communication	Most of your sentences are clear.	Some of your sentences are clear.	Your sentences are not very clear.
Accuracy	Your sentences have few mistakes in grammar and vocabulary.	Your sentences have some mistakes in grammar and vocabulary.	Your sentences have many mistakes in grammar and vocabulary.

**UNIDAD 4
Lección 1 • Escribir B**

Escribir C

Level 1a, pp. 242–243

> **¡AVANZA!** **Goal:** Write about clothes.

Step 1

¿Qué ropa quieres comprar? Make a list of four items of clothing you want to buy.

_____

_____

Step 2

Write complete sentences about the four items above and about how much you think each item you want to buy costs.

_____

_____

_____

_____

Step 3

Evaluate your writing using the information in the table below.

Writing Criteria	Excellent	Good	Needs Work
Content	You have included five sentences to talk about the clothes you want to buy.	You have included three to four sentences to talk about the clothes you want to buy.	You have You have included two sentences to talk about the clothes you want to buy.
Communication	Most of your response is clear.	Some of your response is clear.	Your message is not very clear.
Accuracy	Your response has few mistakes in grammar and vocabulary.	Your response has some mistakes in grammar and vocabulary.	Your response has many mistakes in grammar and vocabulary.

UNIDAD 4 Lección 1 • Escribir C

Unidad 4, Lección 1
Escribir C
170

¡Avancemos! 1a
Cuaderno: Práctica por niveles

Cultura A

¡AVANZA! **Goal:** Review cultural information about Spain.

1 **Spanish culture** Read the following sentences about Spain and answer *true* or *false*.

T   F   **1.** Spain is a country in Europe.

T   F   **2.** The capital of Spain is Morelos.

T   F   **3.** Most people in Spain shop at large shopping malls.

T   F   **4. Paella** is a typical dish of Spain.

T   F   **5.** Miguel Cervantes de Saavedra was a famous Spanish writer.

2 **About Spain** Complete the following sentences with one of the multiple-choice words or phrases.

1. The currency used in Spain is the ____

   a. euro   **b.** dollar   **c.** peso

2. In Spain, many young people dress for **sevillanas** during the **Feria de** ____

   a. Junio   **b. Abril**   **c. Mayo**

3. Surrealist art is often inspired by ____

   a. history   **b.** dreams   **c.** nature

3 **Compare climates** Fill out the chart to compare the months of February and July in Chile, Spain, and in your state. Then, briefly describe the climate in these places and explain how they are similar and different.

	February	July
Spain		
Chile		
My state		

_____

_____

_____

_____

UNIDAD 4
Lección 1 · Cultura A

Cultura B

> ¡AVANZA! **Goal:** Review cultural information about Spain.

1 **In Spain** Complete the following sentences about Spanish culture.

1. The climate is Spain in July is often _____ .

2. The capital of Spain is _____ .

3. One of the favorite sports of Spaniards is _____ .

4. A famous Spanish artist who painted Don Quijote and Sancho Panza was

   _____ .

5. Aside from tortilla española and paella, _____ is another typical

   Spanish food.

6. The traditional costume of Seville is called **el traje de** _____ .

2 **Artists and writers** Draw lines to match the following artists or writers with their works.

Don Quijote novel   Salvador Dalí

«Invierno tardío» poem   Miguel Cervantes de Saavedra

La Persistencia de la   Antonio Colinas
Memoria painting

3 **Surrealism** Describe what surrealist art is like using the painting *La persistencia de la memoria* on page 229 of your book as an example. Do you like this style of art? Why or why not?

_____

_____

_____

_____

_____

_____

_____

_____

UNIDAD 4
Lección 1

Cultura B

Cultura C

| ¡AVANZA! | **Goal:** Review cultural information about Spain. |

1 **Spain** Complete the following sentences about Spain.

1. Don Quijote and Sancho Panza are characters in a novel by _____ .

2. The official languages of Spain are _____ , _____ , _____ and _____ .

3. *La persistencia de memoria* is a famous painting by _____ .

4. The capital of Spain is _____ .

5. Paella is a typical _____ of Spain.

6. Girls from Seville wear **el traje de sevillana** during the _____ celebration.

2 **Spanish culture** Answer the following questions with complete sentences.

1. What is the climate like in Spain in the month of July? _____

_____

2. In the games against Barcelona FC, which chant do the Real Madrid fans sing?

_____

_____

3. What are some characteristics of surrealist art?

_____

_____

3 **Spanish poetry** Describe the imagery in Antonio Colinas' poem *Invierno tardío* on page 239. What is the message of this poem?

_____

_____

_____

_____

Vocabulario A

> ¡AVANZA! **Goal:** Describe food, places and events in town.

1 You're going out with friends. Place the related words from the box in the columns.

el cine	**el restaurante**

1. _____
2. _____
3. _____

4. _____
5. _____
6. _____

> la película
> el camarero
> la ventanilla
> las entradas
> el plato principal

2 This is what people are eating in a restaurant. Write the name of the food you see.

1.

2.

3.

4.

5.

6.

1. _____
2. _____
3. _____

4. _____
5. _____
6. _____

3 Answer the following question in a complete sentence.

Cuando vas al cine, ¿vas a pie, en coche o en autobús?

_____

_____

Vocabulario B

> ¡AVANZA! **Goal:** Describe food, places and events in town.

1 Underline the word that does not belong in each series.

1. pollo / bistec / pescado / ensalada

2. cuenta / camarero / propina / parque

3. teatro / cine / frijoles / concierto

4. tomate / brócoli / patatas / autobús

5. pastel / cine / entradas / ventanilla

2 Alejandro and Manuel are friends but they like doing different things. Complete the sentences with the correct word.

1. A Alejandro no le gusta ir al teatro; prefiere ir al _____ a ver películas.

2. El brócoli es verdura y el bistec es _____ .

3. Alejandro no va al centro en coche. Siempre va a _____ , pero Manuel

   siempre va en _____ o en autobús.

4. Manuel siempre _____ la comida cuando van a un restaurante a almorzar.

5. Alejandro piensa que ir al restaurante _____ mucho dinero.

3 Write two complete sentences stating the means of transportation your friends use to get to school.

1. _____

   _____

   _____

2. _____

   _____

   _____

¡Avancemos! 1a
Cuaderno: Práctica por niveles

Unidad 4, Lección 2
Vocabulario B **175**

UNIDAD 4 • Vocabulario B
Lección 2

Vocabulario C

> **¡AVANZA!** **Goal:** Describe food, places and events in town.

1 Úrsula and Andrés go out every weekend. Circle the word that completes the following sentences.

1. A Úrsula le gusta ver una película en el (cine / parque / café).

2. A Andrés le gusta ir a un (autobús / coche / concierto) para escuchar música rock.

3. Úrsula y Andrés compran (pollo / entradas / frijoles) para el cine.

4. Úrsula y Andrés van a comer a un (teatro / ventanilla / restaurante).

2 Answer the questions with complete sentences, using the words from the vocabulary.

1. ¿Adónde vas a comer cuando tienes hambre?

   _____

2. ¿Qué necesitas del camarero para poder pagar?

   _____

3. ¿Qué tienes que leer para pedir la comida?

   _____

4. ¿Qué postre preparan para un cumpleaños?

   _____

5. ¿Qué recibe el camarero cuando hace un buen trabajo?

   _____

3 Write four sentences about what you do when you go to a restaurant. Remember to mention how you go, what you do and what you order.

   _____

   _____

   _____

   _____

UNIDAD 4 • Vocabulario C
Lección 2

176

Unidad 4, Lección 2
Vocabulario C

¡Avancemos! 1a
Cuaderno: Práctica por niveles

Gramática A   Stem-Changing Verbs: o → ue

Level 1a, pp. 252–257

> **¡AVANZA!**   **Goal:** Use stem-changing verbs to talk about places.

1 Lorena and her friends go to lunch at a restaurant. Choose the correct verb from those in parentheses.

1. Lorena no (puedo / puede) comer carne.

2. Lorena y Armando (almuerzan / almorzamos) temprano.

3. Este plato (cuesta / cuestan) doce euros.

4. Lorena y yo siempre (volvéis / volvemos) al restaurante.

5. Yo (encuentran / encuentro) el bistec más rico en el restaurante.

2 Complete the following sentences using the verbs in parentheses.

1. Verónica _____ brócoli y pescado. (almorzar)

2. Las patatas _____ cuatro euros. (costar)

3. ¿Vosotras _____ al teatro el fin de semana? (volver)

4. Yo _____ después del almuerzo porque estoy muy cansado. (dormir)

3 Answer the following question in a complete sentence.

1. ¿A qué hora duermes por la noche?

_____

2. ¿Dónde almuerzas con tus amigos?

_____

3. ¿Cuándo vas al teatro?

_____

¡Avancemos! 1a
Cuaderno: Práctica por niveles

Unidad 4, Lección 2
Gramática A   **177**

UNIDAD 4
Lección 2   •   Gramática A

Gramática B *Stem-Changing Verbs: o → ue*

Level 1a, pp. 252–257

| ¡AVANZA! | **Goal:** Use stem-changing verbs to talk about places. |

1 Julián and his friends have fun around town. Choose the correct verb to complete each sentence.

1. Julián _____ muy contento del concierto.

   a. vuelves **b.** vuelve **c.** vuelvo **d.** volvemos

2. Claudia y Tomás _____ en el restaurante de la calle Madrid.

   a. almorzamos **b.** almorzáis **c.** almuerzan **d.** almuerza

3. Pedro, Lucas y yo _____ ir al café a las 3:00 p.m.

   a. puede **b.** pueden **c.** puedes **d.** podemos

4. Las entradas del cine _____ cinco euros.

   a. cuesta **b.** cuestas **c.** cuesto **d.** cuestan

5. ¿Tú _____ a Laura en el parque?

   a. encuentras **b.** encuentran **c.** encuentra **d.** encontráis

2 Use the information from the table to write three sentences about what these people do.

Luis	volver	a la 1:30 p.m.
Raúl y Graciela	almorzar	la calle del cine
Cecilia y yo	encontrar	el restaurante

1. _____

2. _____

3. _____

3 Write a complete sentence to describe what you can have for lunch at your favorite restaurant.

_____

_____

_____

_____

UNIDAD 4 · Gramática B
Lección 2

Unidad 4, Lección 2
Gramática B

178

¡Avancemos! 1a
Cuaderno: Práctica por niveles

Gramática C   Stem-Changing Verbs: o → ue

> **¡AVANZA!** **Goal:** Use stem-changing verbs to talk about places.

1 Armando always has lunch at the restaurant on calle Infanta. Complete the sentences below using the verbs in parentheses:

1. Armando _____ carne o pollo. (almorzar)

2. Armando y Noemí _____ ir a pie al restaurante. (poder)

3. Armando y yo _____ a casa en autobús. (volver)

4. Nosotros _____ un restaurante para almorzar. (encontrar)

5. El almuerzo _____ quince euros. (costar)

2 Your friends go to many places. Write sentences about your friends using the verbs provided.

1. (almuerzan)

   _____

2. (dormís)

   _____

3. (encuentro)

   _____

4. (podemos)

   _____

5. (vuelves)

   _____

3 Write three sentences about your weekend. Use the verbs **poder**, **dormir** and **almorzar**.

_____

_____

_____

Gramática A *Stem-Changing Verbs: e → i*

¡AVANZA! **Goal:** Use stem-changing verbs to talk about what you do.

1 **¡Vamos a almorzar!** Underline the correct verb to complete the dialogue between Jimena and Lucas.

1. Jimena: ¿Tú (pide / pides) el menú?

2. Lucas: Lo tengo aquí. Yo (piden / pido) bistec como siempre.

3. Jimena: ¿El camarero (sirve / sirven) nuestra mesa?

4. Lucas: No, los camareros (sirven / servimos) la otra mesa.

5. Jimena: ¿Nosotros ya (pedís / pedimos) la comida?

2 Everybody loves going to the restaurant on **calle Córdoba**! Complete the sentences with the correct form of the verbs given.

1. Cecilia _____ unas patatas. (pedir)

2. Javier y yo _____ pollo. (pedir)

3. ¿Qué _____ tú? (pedir)

4. El camarero _____ muchos platos durante el día. (servir)

5. Los camareros del restaurante _____ muy bien la comida. (servir)

3 Answer the following questions about yourself in a complete sentence:

1. ¿Qué pides muchas veces como plato principal?

_____

2. ¿Qué piden tus amigos como plato principal?

_____

3. ¿Dónde almuerzas?

_____

Gramática B   Stem-Changing Verbs: e → i

> ¡AVANZA! **Goal:** Use stem-changing verbs to talk about what you do.

1 Today is Juan's birthday. Choose the verb that completes each sentence.

1. Juan _____ pollo y arroz.

    a. pido   **b.** pides   **c.** piden   **d.** pide

2. ¿Tú _____ bistec y verduras?

    a. pides   **b.** piden   **c.** pedimos   **d.** pido

3. Los camareros _____ nuestra comida.

    a. sirvo   **b.** sirve   **c.** sirven   **d.** servimos

2 Juan and Norma go out to eat. Tell what they order by using the words in parentheses and then tell what the waiter serves them by using the words in the box.

tomate	pastel	brócoli	bistec

modelo: Norma (carne): Norma pide carne y el camarero sirve un bistec.

1. Juan (verduras) _____

2. Norma y Juan (ensalada) _____

    _____

3. Norma (postre) _____

3 Answer the following questions in a complete sentence.

1. ¿Qué pides siempre para almorzar?

    _____

2. ¿Qué pides cuando no hay carne?

    _____

3. ¿Qué piden tus padres para almorzar?

    _____

Gramática C *Stem-Changing Verbs: e → i*

¡AVANZA! **Goal:** Use stem-changing verbs to talk about what you do.

1 One group of friends always goes out to eat on the weekend. Complete the dialog using the verbs **pedir** and **servir**.

Roberto: Yo pido un bistec con patatas. ¿Qué _____ tú?

Natalia: Yo _____ pollo con verduras.

Roberto: El camarero _____ un pollo muy rico.

Natalia: ¡Roberto! Hoy ellos no _____ bistec. ¿Pides otra cosa?

Roberto: Bueno, nosotros _____ pollo.

2 Some friends are at a restaurant for lunch. However, the waiter mixes up their orders. Write what each person orders and what the waiter serves in complete sentences.

modelo: bistec (Raúl) / pollo: Raúl pide bistec pero el camarero sirve pollo.

1. pescado (Irma y Raúl) / ensalada:

   _____

2. brócoli (Irma y yo) / tomate:

   _____

3. arroz (Raúl y tú) / patatas:

   _____

4. pescado (Yo)/ verduras:

   _____

3 You are having friends over for lunch. Write three sentences about what you serve each person.

1. _____

2. _____

3. _____

UNIDAD 4 · Gramática C
Lección 2

Unidad 4, Lección 2
Gramática C

182

¡Avancemos! 1a
Cuaderno: Práctica por niveles

Integración: Hablar

Gabriela, who lives in Madrid, loves to go to the movies. She is looking for movie ads in the city's online newspaper. An ad for the movie *¿Dónde está mi hijo?* catches her eye, but she wants to know more about it, so she listens to the movie review on a radio show. Unfortunately, they end up giving away the entire plot.

Fuente 1 Leer

Read the movie ad in an online newspaper.

La película: *¿Dónde está mi hijo?*

Usted tiene que ver *¿Dónde está mi hijo?*, una película muy triste. A las once de la mañana, una madre va de compras con su hijo al centro comercial. A las doce, van a un restaurante para almorzar. Ella va al baño y cuando vuelve, no encuentra a su hijo!

Fuente 2 Escuchar   *WB CD 02 track 32*

Listen to a review of the movie on a radio program. Take notes.

_____

_____

_____

_____

Hablar

What is the sequence of events in the movie *¿Dónde está mi hijo?* Remember to include information from both the newspaper ad and the review in the radio show.

modelo: En la película, una madre va...Pero quince años...

UNIDAD 4 • Integración: Lección 2 Hablar

Integración: Escribir

Level 1a, pp. 262–264
WB CD 2 track 33

Restaurante de la Abuela has an ad in a newspaper. They claim that their food tastes like traditional homemade Spanish food. Ramiro reads the ad and decides to leave a message for his friend Liliana. He wants to meet her for lunch at the restaurant. Ramiro knows what Liliana likes to eat, so he lets her know his suggestions.

Fuente 1 Leer

Read the ad for "Restaurante de la Abuela"...

Restaurante para toda la familia

¿Puedes pensar en el mejor lugar para comer? La comida del
Restaurante de la Abuela es como la comida que comes en casa.

Aquí encuentras el menú más rico de toda la ciudad: platos principales de carne, pollo y
pescado; verduras, como brócoli y patatas; arroz español; ensaladas de tomate muy ricas.
Cuando vienes una vez, ¡vuelves siempre!

Estamos en la Calle Valladolid, número trescientos.

Fuente 2 Escuchar   *WB CD 02 track 34*

Listen to Ramiro's voicemail to Liliana. Take notes.

_____

_____

_____

_____

Escribir

Explain what Liliana can eat at the restaurant.

modelo: Liliana no come..., pero en el Restaurante de la Abuela...

_____

_____

_____

_____

_____

_____

_____

Unidad 4, Lección 2
Integración: Escribir

184

¡Avancemos! 1a
Cuaderno: Práctica por niveles

UNIDAD 4 • Integración:
Lección 2   Escribir

Escuchar A

| ¡AVANZA! | **Goal:** Listen to people talking about doing things around town. |

1 Listen to Norberto. Then, read each statement and answer **cierto** (true) or **falso** (false).

C F **1.** Norberto compra las entradas.

C F **2.** Las entradas cuestan diez euros.

C F **3.** Mariela compra su entrada.

C F **4.** Norberto llega dos horas antes al cine.

C F **5.** Norberto va a estar en la puerta del cine a las dos.

2 Listen to Mariela. Then answer the following questions:

1. ¿A qué hora tiene que estar Mariela en el cine? _____

_____

2. ¿Por qué Mariela no va a pie al cine? _____

_____

3. ¿Cuándo llega el autobús? _____

_____

UNIDAD 4
Lección 2 • Escuchar A

Escuchar B

> **¡AVANZA!** **Goal:** Listen to people talking about doing things around town.

1 Listen to Carmen and take notes. Then, draw a line from each person to his or her order.

1. Julio

2. Andrés

3. Norma

4. Carmen

5. Todos

a. pescado y verduras

b. ensalada

c. bistec y patatas

d. postre

e. pollo y arroz

2 Listen to the waiter and take notes. Then answer the following questions in complete sentences.

1. ¿Qué día van más personas al restaurante?

   _____

   _____

2. ¿Por qué vuelven las personas?

   _____

   _____

3. ¿Qué encuentra el camarero en la mesa con la cuenta?

   _____

   _____

UNIDAD 4 · Escuchar B
Lección 2

Unidad 4, Lección 2
Escuchar B
186

¡Avancemos! 1a
Cuaderno: Práctica por niveles

Escuchar C

Level 1a, pp. 270–271
WB CD 2 tracks 39–40

¡AVANZA! **Goal:** Listen to people talking about doing things around town.

1 Listen to Francisco and take notes. Then, complete the sentences below:

1. Francisco y sus amigos tienen hoy _____ de música.

2. Van al _____ para el concierto.

3. El concierto empieza a _____.

4. _____ cuesta dos euros.

5. No piden mucho _____ por las entradas.

2 Listen to Olga and Nicolás. Then answer the questions below in complete sentences:

1. ¿Nicolás puede ir al teatro a las dos?

_____

_____

2. ¿Qué hay en el teatro? ¿A qué hora?

_____

_____

3. ¿Por qué Olga quiere ir al centro con Nicolás a las dos?

_____

_____

4. ¿Por qué Nicolás vuelve temprano?

_____

_____

5. ¿Cuánto cuesta la entrada del concierto?

_____

_____

¡Avancemos! 1a
Cuaderno: Práctica por niveles

UNIDAD 4
Lección 2

Escuchar C

Unidad 4, Lección 2
Escuchar C **187**

Leer A

> **¡AVANZA!** **Goal:** Read about food and places.

Manuel and Antonia go to the movies every Thursday. They see the following sign on the door.

Cine Gran Ilusión

**Hoy presentamos la película
"¡Adiós a mi gran amor!"**

*La entrada cuesta cinco euros y puedes comprarla
en la ventanilla de 10:00 a.m. a 1:00 p.m.*

Horario de película

> 2:00 p.m.
>
> 4:00 p.m.
>
> 6:00 p.m.
>
> 8:00 p.m.

El restaurante Estrellas, dentro del cine, es muy bueno.

¿Comprendiste?

Read the movie theater's sign and then complete the following sentences:

1. Manuel y Antonia pagan _____ por sus entradas de cine.

2. Manuel y Antonia pueden comer en _____ del cine.

3. Manuel y Antonia compran las entradas en _____ .

4. "¡Adiós a mi gran amor!" es el nombre de _____ .

¿Qué piensas?

¿A qué hora puedes ir al cine de tu ciudad?

_____

_____

_____

_____

Unidad 4, Lección 2
Leer A
188

¡Avancemos! 1a
Cuaderno: Práctica por niveles

UNIDAD 4 · Leer A
Lección 2

Leer B

 Goal: Read about food and places.

Julia wants to eat lunch. She reads the following menu.

 e n ú

Plato principal

Bistec con patatas............quince euros

Pollo con arroz..................once euros

Pescado con brócoli.........diez euros

Plato del día

Verduras......................................nueve euros

Carne con ensalada de tomate.....doce euros

¿Comprendiste?

Read the menu. Then, answer the following questions in complete sentences:

1. Julia lleva diez euros, ¿qué platos puede pedir?

   _____

2. ¿Por qué?

   _____

3. ¿Qué platos de carne sirven en el restaurante?

   _____

4. ¿Qué sirven de postre?

   _____

¿Qué piensas?

¿Qué te gusta pedir en tu restaurante favorito? ¿Por qué?

_____

_____

Leer C

Level 1a, pp. 270–271

¡AVANZA! **Goal:** Read about food and places.

María writes a letter to a friend in another city. Read María's letter and answer the questions.

Hola Norma:

Quiero invitarte a mi casa. Mis amigos y yo salimos mucho. Todos los sábados, vamos a un concierto de música rock y los domingos vamos al cine. Todos los jueves almorzamos en un restaurante pequeño pero muy bueno. Los viernes vamos al teatro. Los lunes vamos al parque por las tardes. De allí, vamos a un café en el centro comercial y hablamos.

¿Puedes venir?

Besos,

María.

¿Comprendiste?

Read Maria's letter. Then, write the things that Maria and her friends do on the following days:

1. lunes: _____

2. jueves: _____

3. viernes: _____

4. sábados: _____

5. domingos: _____

¿Qué piensas?

1. ¿Haces las actividades que hacen María y sus amigos?

    _____

    _____

2. ¿Te gusta almorzar con tus amigos? ¿Qué comen? ¿Dónde?

    _____

    _____

Escribir A

> **¡AVANZA!** **Goal:** Write about foods and places.

Step 1

Make a list of four things you and your friends like doing. You can use words from the box.

cine	teatro	restaurante	concierto	parque

_____

_____

_____

_____

Step 2

Write two complete sentences to say where you and your friends like to go and what you do there. Use your list.

1. _____

_____

2. _____

_____

Step 3

Evaluate your writing using the information in the table below.

Writing Criteria	Excellent	Good	Needs Work
Content	Your sentences include many details and new vocabulary.	Your sentences include some details and new vocabulary.	Your sentences include little information or new vocabulary.
Communication	Most of your sentences are clear.	Some of your sentences are clear.	Your sentences are not very clear.
Accuracy	Your sentences have few mistakes in grammar and vocabulary.	Your sentences have some mistakes in grammar and vocabulary.	Your sentences have many mistakes in grammar and vocabulary.

UNIDAD 4
Lección 2 • Escribir A

Escribir B

¡AVANZA! **Goal:** Write about foods and places.

Step 1

Rearrange the letters of the following words and you will find a new word using the circled letters.

1. recaroma: ____ ____ ____ ____ ____ ____ ____ ____

2. tecbis: ____ ____ ____ ____ ____ ____

3. laendasa: ____ ____ ____ ____ ____ ____ ____

4. teresrantau: ____ ____ ____ ____ ____ ____ ____ ____ ____ ____

   Hidden word: _____

Step 2

Use the words from **Step 1** to write three complete sentences about what you and your family do at a restaurant.

1. _____

   _____

2. _____

   _____

3. _____

   _____

Step 3

Evaluate your writing using the information in the table below.

Writing Criteria	Excellent	Good	Needs Work
Content	Your sentences include many details and new vocabulary.	Your sentences include some details and new vocabulary.	Your sentences include little information or new vocabulary.
Communication	Most of your sentences are clear.	Some of your sentences are clear.	Your sentences are not very clear.
Accuracy	Your sentences have few mistakes in grammar and vocabulary.	Your sentences have some mistakes in grammar and vocabulary.	Your sentences have many mistakes in grammar and vocabulary.

Escribir C

> **¡AVANZA!** **Goal:** Write about foods and places.

Step 1

¿Qué te gusta pedir en un restaurante? Write four complete sentences about two things you like ordering at a restaurant and two things you don't like ordering.

1. _____

2. _____

3. _____

4. _____

Step 2

Write an e-mail to your friend, describing what you always order at your favorite restaurant.

_____

_____

_____

_____

_____

_____

_____

_____

_____

_____

Step 3

Evaluate your writing using the information in the table below.

Writing Criteria	Excellent	Good	Needs Work
Content	Your email includes many details and new vocabulary.	Your email includes some details and new vocabulary.	Your email includes little information or new vocabulary.
Communication	Most of your email is clear.	Some of your email is clear.	Your email is not very clear.
Accuracy	Your email has few mistakes in grammar and vocabulary.	Your email has some mistakes in grammar and vocabulary.	Your email has many mistakes in grammar and vocabulary.

¡Avancemos! 1a
Cuaderno: Práctica por niveles

Unidad 4, Lección 2
Escribir C **193**

UNIDAD 4
Lección 2 • Escribir C

Cultura A

| ¡AVANZA! | **Goal:** Review cultural information about Spain. |

1 **Spain and Guatemala** Complete the following sentences with one of the multiple choice words or phrases.

1. El Rastro is a famous _____ in Madrid.

   a. restaurant   **b.** park   **c.** flea market

2. At the market in Chichicastenango, Guatemala, you can buy handicrafts from the _____ culture.

   a. Maya-Quiché   **b.** Taino   **c.** Aztec

3. Three typical Spanish foods are _____

   **a. chile con carne,   b. gazpacho, paella,   c. pasteles, arroz con
   burritos, and fajitas   and tortilla   gandules, and pernil**

2 **Sites in Spain and Chile** There are many interesting places in Spain and Chile. Match the places with the corresponding description.

La Casa del Campo

El Corte Inglés

La Plaza de Armas

La Plaza Mayor

Alto Las Condes

mall in Santiago, Chile

plaza in Madrid with a stamp market on Sundays

plaza in Santiago with concerts on Sundays

Spanish department store

park in Madrid with a zoo and swimming pool

3 *Las meninas* Both Diego Velázquez and Pablo Picasso created paintings titled *Las meninas*. Describe and compare both paintings on page 261, and tell how they are similar and different.

_____

_____

_____

_____

_____

_____

UNIDAD 4
Lección 2

Cultura A

194

Unidad 4, Lección 2
Cultura A

¡Avancemos! 1a
Cuaderno: Práctica por niveles

Cultura B

¡AVANZA!	**Goal:** Review cultural information about Spain.

1 **Spain** Read the following sentences about Spain and circle *true* or *false*.

T F **1.** The princesses of the Spanish royal family are called **infantas.**

T F **2.** One of the oldest flea markets in Madrid is El Rastro.

T F **3.** The official painter of King Felipe IV of Spain was Salvador Dalí.

T F **4.** In Spain, the only language spoken is Spanish.

T F **5.** El Corte Inglés is a Spanish department store.

2 **Things to do in Spain and Chile** In Madrid, Spain, and Santiago, Chile, there are many places to visit. Tell what you can do in the following places.

Places	Things to do
La Casa del Campo	
El Rastro	
La Plaza Mayor	
Plaza de Armas	
El Cerro San Cristóbal	

3 **Visiting Madrid** In Madrid, there are many places to take a walk or visit on the weekend. Would you like to visit some? Write a short paragraph about which places in Madrid you would like to visit and why.

_____

_____

_____

_____

_____

_____

_____

UNIDAD 4
Lección 2 • Cultura B

Cultura C

¡AVANZA! **Goal:** Review cultural information about Spain.

1 **Spain** Choose the correct word to complete the following sentences.

1. (Diego Velázquez /Pablo Picasso) was the official painter of King Felipe IV of Spain.

2. (Pinchos / gazpacho) is/are a typical food in Spain.

3. In the Plaza (Mayor / Menor) of Madrid there is a stamp market on Sundays.

4. The (princesses / queens) of the Spanish royal family are called **infantas**.

2 **Spanish culture** Answer these questions using complete sentences.

1. Who are some of the people in the painting *Las Meninas* by the Spanish painter Diego Velázquez?

_____

_____

2. What can people buy when they visit El Rastro in Madrid?

_____

_____

3. Which languages are spoken in Spain?

_____

_____

3 **At the market** Describe both El Rastro and the Chichicastenango markets. What would you buy in each place? Which market would you prefer to visit and why?

_____

_____

_____

_____

_____

_____

_____

_____

Unidad 4, Lección 2
Cultura C

196

¡Avancemos! 1a
Cuaderno: Práctica por niveles

UNIDAD 4
Lección 2 · Cultura C

Level 1a, pp. 272–273

Comparación cultural: ¿Adónde vamos el sábado?

Lectura y escritura

After reading the paragraphs about what Anita, Rodrigo, and Armando do for fun on Saturdays, write a paragraph about what you like to do on Saturdays. Use the information on your activity chart to write sentences, and then write a paragraph that describes what you do for fun on Saturdays.

Step 1

Complete the activity chart describing as many details as possible about the activities you do for fun on Saturdays.

Categoría	Detalles
lugares	
ropa	
actividades	

Step 2

Now take the details from the activity chart and write a sentence for each topic on the chart.

_____
_____
_____
_____
_____
_____
_____
_____

Comparación cultural: ¿Adónde vamos el sábado?

Lectura y escritura (continued)

Step 3

Now write your paragraph using the sentences you wrote as a guide. Include an introduction sentence and use the verbs **ir a** + **infinitive** and **querer** + **infinitive** to write about what you do for fun on Saturdays.

_____

_____

_____

_____

_____

_____

Checklist

Be sure that…

☐ all the details about your Saturday activities from your chart are included in the paragraph;

☐ you use details to describe what you do for fun on Saturdays.

☐ you include new vocabulary words and the verbs **ir a** + **infinitive** and **querer** + **infinitive.**

Rubric

Evaluate your writing using the rubric below.

Writing criteria	Excellent	Good	Needs Work
Content	Your paragraph includes many details about what you do for fun on Saturdays.	Your paragraph includes some details about what you do for fun on Saturdays.	Your paragraph includes few details about what you do for fun on Saturdays.
Communication	Most of your paragraph is organized and easy to follow.	Parts of your paragraph are organized and easy to follow.	Your paragraph is disorganized and hard to follow.
Accuracy	Your paragraph has few mistakes in grammar and vocabulary.	Your paragraph has some mistakes in grammar and vocabulary.	Your paragraph has many mistakes in grammar and vocabulary.

UNIDAD 4 • Comparación Lección 2 cultural

198

Unidad 4
Comparación cultural: ¿Adónde vamos el sábado?

¡Avancemos! 1a
Cuaderno: Práctica por niveles

Level 1a, pp. 272–273

Comparación cultural: ¿Adónde vamos el sábado?
Compara con tu mundo

Now write a comparison about what you do for fun on Saturdays and that of one of the three students from page 273. Organize your comparison by topics. First, compare the places you go, then the clothes you wear, and lastly your favorite activities.

Step 1

Use the table to organize your comparison by topics. Write details for each topic about what you do for fun on Saturdays and that of the student you chose.

Categoría	Mi descripción	La descripción de _____
lugares		
ropa		
actividades		

Step 2

Now use the details from the table to write a comparison. Include an introduction sentence and write about each topic. Use the verbs **ir a** + **infinitive, querer** + **infinitive** to describe the sequence of your Saturday activities and those of the student you chose.

_____

_____

_____

_____

_____

_____

_____

_____

_____

¡Avancemos! 1a
Cuaderno: Práctica por niveles

Unidad 4
Comparación cultural: ¿Adónde vamos el sábado? **199**

UNIDAD 4 • Comparación
Lección 2 cultural

Level 1a

¡Avancemos!

Vocabulary and Grammar
Lesson Review Bookmarks

Greet People and Say Goodbye

GREETINGS

Buenos días.	Good morning.
Buenas tardes.	Good afternoon.
Buenas noches.	Good evening.
Hola.	Hello./Hi.

SAY GOODBYE

Adiós.	Goodbye.
Buenas noches.	Good night.
Hasta luego.	See you later.
Hasta mañana.	See you tomorrow.

SAY HOW YOU ARE

¿Cómo estás?	How are you? (familiar)
¿Cómo está usted?	How are you? (formal)
¿Qué tal?	How is it going?
Bien.	Fine.
Mal.	Bad.
Más o menos.	So-so.
Muy bien.	Very well.
Regular.	Okay.
¿Y tú?	And you? (familiar)
¿Y usted?	And you? (formal)
¿Qué pasa?	What's up?

Say Which Day It Is

¿Qué día es hoy?	What day is today?
Hoy es…	Today is…
Mañana es…	Tomorrow is…
el día	day
hoy	today
mañana	tomorrow
la semana	week

Describe the Weather

¿Qué tiempo hace?	What is the weather like?
Hace calor.	It is hot.
Hace frío.	It is cold.
Hace sol.	It is sunny.
Hace viento.	It is windy.
Llueve.	It is raining.
Nieva.	It is snowing.

Say Where You Are From

¿De dónde eres?	Where are you (familiar) from?
¿De dónde es?	Where is he/she from?
¿De dónde es usted?	Where are you (formal) from?
Soy de…	I am from…
Es de…	He/She is from…

Make Introductions

¿Cómo se llama?	What's his/her/your (formal) name?
Se llama…	His/Her name is…
¿Cómo te llamas?	What's your (familiar) name?
Me llamo…	My name is…
Te/Le presento a…	Let me introduce you (familiar/formal) to…
El gusto es mío.	The pleasure is mine.
Encantado(a).	Delighted./Pleased to meet you.
Igualmente.	Same here./Likewise.
Mucho gusto.	Nice to meet you.
¿Quién es?	Who is he/she/it?\\
Es…	He/She/It is…

Exchange Phone Numbers

¿Cuál es tu/su número de teléfono?	What's your (familiar/formal) phone number?
Mi número de teléfono es…	My phone number is…

Other Words and Phrases

la clase	class
el (la) maestro(a) de español	Spanish teacher (male/female)
Perdón.	Excuse me.
el país	country
(Muchas) Gracias.	Thank you (very much).
el señor (Sr.)	Mr.
la señora (Sra.)	Mrs.
la señorita (Srta.)	Miss
sí	yes
no	no

Talk About Activities

alquilar un DVD	to rent a DVD
andar en patineta	to skateboard
aprender el español	to learn Spanish
beber	to drink
comer	to eat
comprar	to buy
correr	to run
descansar	to rest
dibujar	to draw
escribir correos electrónicos	to write e-mails
escuchar música	to listen to music
estudiar	to study
hablar por teléfono	to talk on the phone
hacer la tarea	to do homework
jugar al fútbol	to play soccer
leer un libro	to read a book
mirar la televisión	to watch television
montar en bicicleta	to ride a bike
pasar un rato con los amigos	to spend time with friends
pasear	to go for a walk
practicar deportes	to practice / play sports
preparar la comida	to prepare food / a meal
tocar la guitarra	to play the guitar
trabajar	to work

Say What You Like and Don't Like to Do

¿Qué te gusta hacer?	What do you like to do?
¿Te gusta...?	Do you like...?
Me gusta...	I like...
No me gusta...	I don't like...

Snack Foods and Beverages

el agua (fem.)	water
la fruta	fruit
la galleta	cookie
el helado	ice cream
el jugo	juice
las papas fritas	French fries
la pizza	pizza
el refresco	soft drink

Other Words and Phrases

la actividad	activity
antes de	before
después (de)	afterward, after
la escuela	school
más	more
o	or
pero	but
también	also

Describe Yourself and Others

¿Cómo eres?	What are you like?
PERSONALITY	
artístico(a)	artistic
atlético(a)	athletic
bueno(a)	good
cómico(a)	funny
desorganizado(a)	disorganized
estudioso(a)	studious
inteligente	intelligent
malo(a)	bad
organizado(a)	organized
perezoso(a)	lazy
serio(a)	serious
simpático(a)	nice
trabajador(a)	hard-working
APPEARANCE	
alto(a)	tall
bajo(a)	short (height)
bonito(a)	pretty
grande	big, large; great
guapo(a)	good-looking
joven (pl. jóvenes)	young
pelirrojo(a)	red-haired
pequeño(a)	small
viejo(a)	old
Tengo...	I have...
Tiene...	He / She has
pelo rubio	blond hair
pelo castaño	brown hair

People

el (la) amigo (a)	friend
la chica	girl
el chico	boy
el (la) estudiante	student
el hombre	man
la mujer	woman
la persona	person

Other Words and Phrases

muy	very
un poco	a little
porque	because
todos(as)	all

Subject Pronouns and ser

Ser means *to be*. Use **ser** to identify a person or say where he or she is from.

	Singular			Plural	
yo	**soy**		nosotros(as)	**somos**	
tú	**eres**		vosotros(as)	**sois**	
usted	**es**		ustedes	**son**	
él, ella	**es**		ellos(as)	**son**	

Gustar with an Infinitive

Use **gustar** to talk about what people like to do.

A mí **me gusta** dibujar.

A ti **te gusta** dibujar.

A usted **le gusta** dibujar.

A él, ella **le gusta** dibujar.

A nosotros(as) **nos gusta** dibujar.

A vosotros(as) **os gusta** dibujar.

A ustedes **les gusta** dibujar.

A ellos(as) **les gusta** dibujar.

Nota gramatical: Use **de** with the verb **ser** to talk about where someone is from.
Yo soy de Miami. Ellos son de California.

Definite and Indefinite Articles

In Spanish, articles match nouns in gender and number.

		Definite Article	Noun	Indefinite Article	Noun
Masculine	Singular	el	chico	un	chico
	Plural	los	chicos	unos	chicos
Feminine	Singular	la	chica	una	chica
	Plural	las	chicas	unas	chicas

Noun-Adjective Agreement

In Spanish, adjectives match the gender and number of the nouns they describe.

	Singular	Plural
Masculine	el chico alto	los chicos altos
Feminine	la chica alta	las chicas altas

Nota gramatical: Use **ser** to describe what people are like.
Ella es alta. Mis amigos son simpáticos.

Tell Time and Discuss Daily Schedules

¿A qué hora es...?	At what time is...?
¿Qué hora es?	What time is it?
A la(s)...	At...
Es la... / Son las...	It is... o'clock.
de la mañana	in the morning (with a time)
de la tarde	in the afternoon (with a time)
de la noche	at night (with a time)
la hora	hour; time
el horario	schedule
menos	to, before (telling time)
el minuto	minute
...y cuarto	quarter past
...y (diez)	(ten) past
...y media	half past

Describe Classes

casi	almost
¿Cuántos(as)...?	How many...?
difícil	difficult
en	in
el examen (pl. los exámenes)	exam
fácil	easy
hay...	there is, there are...
mucho(as)	many
tarde	late
temprano	early
tener que	to have to
NUMBERS FROM 11 TO 100 p. 87	

Describe Frequency

de vez en cuando	once in a while
muchas veces	often, many times
mucho	a lot
nunca	never
siempre	always
todos los días	every day

Other Words and Phrases

SCHOOL SUBJECTS

el arte	art
las ciencias	science
el español	Spanish
la historia	history
el inglés	English
las matemáticas	math

CLASSROOM ACTIVITIES

contestar	to answer
enseñar	to teach
llegar	to arrive
necesitar	to need
sacar una buena / mala nota	to get a good / bad grade
tomar apuntes	to take notes
usar la computadora	to use the computer

Describe Classroom Objects

el borrador	eraser
la calculadora	calculator
el cuaderno	notebook
el escritorio	desk
el lápiz (pl. los lápices)	pencil
el mapa	map
la mochila	backpack
el papel	paper
el pizarrón (pl. los pizarrones)	board
la pluma	pen
la puerta	door
el reloj	clock; watch
la silla	chair
la tiza	chalk
la ventana	window

Places in School

el baño	bathroom
la biblioteca	library
la cafetería	cafeteria
el gimnasio	gymnasium
la oficina del (de la) director(a)	principal's office
el pasillo	hall

Describe Classes

aburrido(a)	boring
divertido(a)	fun
interesante	interesting

Say Where Things Are Located

al lado (de)	next to
cerca (de)	near (to)
debajo (de)	underneath, under
delante (de)	in front (of)
dentro (de)	inside (of)
detrás (de)	behind
encima (de)	on top (of)
lejos (de)	far (from)

Talk about How You Feel

cansado(a)	tired
contento(a)	content, happy
deprimido(a)	depressed
emocionado(a)	excited
enojado(a)	angry
nervioso(a)	nervous
ocupado(a)	busy
tranquilo(a)	calm
triste	sad

Other Words and Phrases

¿(A)dónde?	(To) Where?
¿Cuándo?	When?
cuando	when
el problema	problem

The Verb tener

Use the verb **tener** to talk about what you have.

	tener *to have*		
yo	**tengo**	nosotros(as)	**tenemos**
tú	**tienes**	vosotros(as)	**tenéis**
usted	**tiene**	ustedes	**tienen**
él, ella		ellos(as)	

Tener + que + infinitive is used to talk about what someone has to do.

Present Tense of –ar Verbs

To form the present tense of a regular verb that ends in **–ar**, drop the **–ar** and add the appropriate ending.

	hablar *to talk, to speak*		
yo	**hablo**	nosotros(as)	**hablamos**
tú	**hablas**	vosotros(as)	**habláis**
usted	**habla**	ustedes	**hablan**
él, ella		ellos(as)	

Nota gramatical: For the numbers 21, 31, and so on, use **veintiún, treinta y un,** and so on before a masculine noun. Use **veintiuna, treinta y una,** and so on before a feminine noun.

The Verb estar

Use **estar** to indicate location and say how people feel.

	estar *to be*		
yo	**estoy**	nosotros(as)	**estamos**
tú	**estás**	vosotros(as)	**estáis**
usted	**está**	ustedes	**están**
él, ella	**está**	ellos(as)	**están**

The Verb ir

Use **ir** to talk about where someone is going.

	ir *to go*		
yo	**voy**	nosotros(as)	**vamos**
tú	**vas**	vosotros(as)	**vais**
usted	**va**	ustedes	**van**
él, ella	**va**	ellos(as)	**van**

Nota gramatical: To form a question, you can switch the position of the verb and the subject.

Talk About Foods and Beverages

MEALS

el almuerzo	lunch
la bebida	beverage, drink
la cena	dinner
compartir	to share
la comida	food; meal
el desayuno	breakfast
vender	to sell

FOR BREAKFAST

el café	coffee
el cereal	cereal
el huevo	egg
el jugo de naranja	orange juice
la leche	milk
el pan	bread
el yogur	yogurt

FOR LUNCH

la hamburguesa	hamburger
el sándwich de jamón y queso	ham and cheese sandwich
la sopa	soup

FRUIT

la banana	banana
la manzana	apple
las uvas	grapes

Describe Feelings

tener ganas de…	to feel like…
tener hambre	to be hungry
tener sed	to be thirsty

Ask Questions

¿Cómo?	How?
¿Cuál?	Which?; What?
¿Por qué?	Why?
¿Qué?	What?
¿Quién?	Who?

Other Words and Phrases

ahora	now
Es importante.	It's important.
horrible	horrible
nutritivo(a)	nutritious
otro(a)	other
para	for; in order to
rico(a)	tasty, delicious

Talk About Family

la abuela	grandmother
el abuelo	grandfather
los abuelos	grandparents
la familia	family
la hermana	sister
el hermano	brother
los hermanos	brothers; brother(s) and sister(s)
la hija	daughter
el hijo	son
los hijos	son(s) and daughter(s), children
la madrastra	stepmother
la madre	mother
el padrastro	stepfather
el padre	father
los padres	parents
el (la) primo(a)	cousin
los primos	cousins
la tía	aunt
el tío	uncle
los tíos	uncles, uncle(s) and aunt(s)

Ask, Tell, and Compare Ages

¿Cuántos años tienes?	How old are you?
Tengo… años.	I am … years old.
mayor	older
menor	younger

Give Dates

¿Cuál es la fecha?	What is the date?
Es el… de…	It's the … of …
el primero de…	the first of …
el cumpleaños	birthday

Pets

el (la) gato(a)	cat
el (la) perro(a)	dog

¡Feliz cumpleaños!	Happy birthday!
la fecha de nacimiento	birth date

Other Words and Phrases

vivir	to live
ya	already

NUMBERS FROM 200 TO 1,000,000

doscientos (as)	200
trescientos (as)	300
cuatrocientos (as)	400
mil	1000
un millón (de)	1,000,000

MONTHS

enero	January
febrero	February
marzo	March
abril	April
mayo	May
junio	June
julio	July
agosto	August
septiembre	September
octubre	October
noviembre	November
diciembre	December

Gustar with Nouns

To talk about the things that people like, use **gustar + noun.**

Singular	Plural
me gusta la sopa	**me gustan** los jugos
te gusta la sopa	**te gustan** los jugos
le gusta la sopa	**le gustan** los jugos
nos gusta la sopa	**nos gustan** los jugos
os gusta la sopa	**os gustan** los jugos
les gusta la sopa	**les gustan** los jugos

Present Tense of –er and –ir Verbs

vender *to sell*	
vendo	vendemos
vendes	vendéis
vende	venden

compartir *to share*	
comparto	compartimos
compartes	compartís
comparte	comparten

Nota gramatical: To ask a question, use an interrogative word followed by a conjugated verb. *¿Cómo está usted? How are you?*

Nota gramatical: The verb **hacer** is irregular in the present tense only in the **yo** form (**hago**). In other forms, it follows the pattern for **–er** verbs.

Possessive Adjectives

In Spanish, **possessive adjectives** agree in number with the nouns they describe. **Nuestro(a)** and **vuestro(a)** must also agree in gender with the nouns they describe.

Singular Possessive Adjectives		Plural Possessive Adjectives	
mi *my*	**nuestro(a)** *our*	**mis** *my*	**nuestros(as)** *our*
tu *your (familiar)*	**vuestro(a)** *your (familiar)*	**tus** *your (familiar)*	**vuestros(as)** *your (familiar)*
su *your (formal)*	**su**	**sus** *your*	**sus** *your*
su *his, her, its*	**su**	**sus**	**sus** *thier*

Comparatives

Use with an adjective to compare two things:

más... que...
menos... que...
tan... como...

If no adjective, use these phrases.

más que...
menos que...
tanto como...

Irregular comparative words.

mayor	**menor**	**mejor**	**peor**
older	*younger*	*better*	*worse*

Nota gramatical: Use **de** and a **noun** to show possesion. el gato de **Marisa** *Marisa's cat*

Nota gramatical: Use **tener** to talk about how old a person is. ¿Cuantos años **tiene** tu amiga? *How old is your friend?*

Nota gramatical: To give the date, use the phrase: Es el + **number** + de + **month.** Hoy es el **diez** de **diciembre.** *Today is the tenth of December.* Es el **primeiro** de **diciembre.** *It is December first.*

Talk About Shopping

el centro comercial		shopping center, mall
¿Cuánto cuesta(n)?		How much does it (do they) cost?
Cuesta(n)...		It (They) cost....
el dinero		money
el dólar (pl. los dólares)		dollar
el euro		euro
ir de compras		to go shopping
pagar		to pay
el precio		price
la tienda		store

Describe Clothing

la blusa		blouse
los calcetines		socks
la camisa		shirt
la camiseta		T-shirt
la chaqueta		jacket
feo(a)		ugly
el gorro		winter hat
los jeans		jeans
llevar		to wear
nuevo(a)		new
los pantalones		pants
los pantalones cortos		shorts
la ropa		clothing
el sombrero		hat
el vestido		dress
los zapatos		shoes
COLORS		
amarillo(a)		yellow
anaranjado(a)		orange
azul		blue
blanco(a)		white
marrón (pl. marrones)		brown
negro(a)		black

Expressions with tener

tener calor		to be hot
tener frío		to be cold
tener razón		to be right
tener suerte		to be lucky

Discuss Seasons

la estación (pl. las estaciones)		season
el invierno		winter
el otoño		autumn, fall
la primavera		spring
el verano		summer

Other Words and Phrases

durante		during
cerrar (ie)		to close
empezar (ie)		to begin
entender (ie)		to understand
pensar (ie)		to think, to plan
preferir (ie)		to prefer
querer (ie)		to want

rojo(a)		red
verde		green

Describe Places in Town

el café		café
el centro		center, downtown
el cine		movie theater; the movies
el parque		park
el restaurante		restaurant
el teatro		theater

In a Restaurant

el (la) camarero(a)		(food) server
costar (ue)		to cost
la cuenta		bill
de postre		for dessert
el menú		menu
la mesa		table
el plato principal		main course
la propina		tip
ORDERING FROM A MENU		
pedir (i)		to order, to ask for
servir (i)		to serve
FOR DINNER		
el arroz		rice
el bistec		beef
el brócoli		broccoli
la carne		meat
la ensalada		salad
los frijoles		beans
el pastel		cake
la patata		potato
el pescado		fish
el pollo		chicken
el tomate		tomato
las verduras		vegetables

Describe Events in Town

el concierto		concert
las entradas		tickets

Getting Around Town

la música rock		rock music
la película		movie
la ventanilla		ticket window
a pie		by foot
la calle		street
en autobús		by bus
en coche		by car
encontrar (ue)		to find
tomar		to take

Other Words and Phrases

allí		there
almorzar (ue)		to eat lunch
aquí		here
dormir (ue)		to sleep
el lugar		place
poder (ue)		to be able, can
tal vez		perhaps, maybe
ver		to see
volver (ue)		to return, to come back

Stem-Changing Verbs: e → ie

For **e → ie** stem-changing verbs, the **e** of the stem changes to ie in all forms except **nosotros(as)** and **vosotros(as)**.

querer *to want*	
quiero	queremos
quieres	queréis
quiere	quieren

Direct Object Pronouns

Direct object pronouns can be used to replace **direct object nouns**.

Singular		Plural	
me	*me*	**nos**	*us*
te	*you (familiar)*	**os**	*you (familiar)*
lo	*you (formal), him, it*	**los**	*you, them*
la	*you (formal), her, it*	**las**	*you, them*

Nota gramatical: Use **tener** to form many expressions that in English would use *to be.*
Tengo frío. *I am cold*

Stem-Changing Verbs: o → ue

For **o → ue** stem-changing verbs, the last **o** of the stem changes to ue in all forms except **nosotros(as)** and **vosotros(as)**.

poder *to be able, can*	
puedo	podemos
puedes	podéis
puede	pueden

Stem-Changing Verbs: e → i

For **e → i** stem-changing verbs, the last **e** of the stem changes to i in all forms except **nosotros(as)** and **vosotros(as)**.

servir *to serve*	
sirvo	servimos
sirves	servís
sirve	sirven

Nota gramatical: **Ver** has an irregular **yo** form in the present tense.
Veo un autobús.

Nota gramatical: Use a form of **ir a + infinitive** to talk about what you are going to do.

Vocabulario Adicional

Vocabulario Adicional

Apuntes

Apuntes

Apuntes

_____
_____
_____
_____
_____
_____
_____
_____
_____
_____
_____
_____
_____
_____
_____
_____
_____
_____
_____
_____
_____
_____
_____
_____
_____
_____
_____

Apuntes